Palabras de aliento para mujeres

DARLENE SALA

CASA PROMESA

Una división de Barbour Publishing, Inc.

Print ISBN 978-1-68322-253-8

eBook Editions:
Adobe Digital Edition (.epub) 978-1-62029-010-1
Kindle and MobiPocket Edition (.prc) 978-1-62029-011-8

Traducción y edición por Semantics Inc.

Publicado por Casa Promesa, P.O. Box 719, Uhrichsville, Ohio 44683
www.barbourbooks.com

Nuestra misión es inspirar al mundo con el mensaje transformador de la Biblia.

Impreso en los Estados Unidos de América.

Dedicatoria

A la memoria de mi padre,
Guy P. Duffield,
cuyo amor y entusiasmo por la
Palabra de Dios encendió en mí
el mismo fuego.

Definición

Alentar: Animar, infundir aliento o esfuerzo, dar vigor, mejorar, convalecer o restablecerse de una enfermedad (RAE).

Contenido

Agradecimientos

El agradecimiento suele desatar una reacción en cadena. Quienes nos alientan nos inspiran a su vez a ir hacia otras personas con palabras y acciones de aliento. Esto ha sido así a lo largo del proceso de la escritura de este libro.

Agradezco la motivación de Marcus Ryan, de www.Christianity.com, cuya pregunta: «¿Estás escribiendo algo?», me llevó a comenzar. Paul Muckley, director editorial de Barbour Publishing, leyó las primeras selecciones y me alentó a completar el manuscrito. Ellyn Sanna, como ya lo ha hecho antes, se aseguró de que lo que escribiera comunicara lo que quería decir... ¡es muy buena haciendo eso, como si leyera mi mente!

Mi esposo dice que este «es el libro escrito en medio de la noche». Gracias, Harold, por soportar mis hábitos de escritora. Esas tazas de café que me traías temprano por la mañana realmente me ayudaron a compensar las horas de sueño perdido.

Si después que las mujeres lean esto se sienten motivadas a brindar aliento a otros, la cadena continuará. Esa es mi oración.

Introducción

«¿Por qué no confía Alex en Dios y deja que *Él* se ocupe de sus problemas?», le pregunté a mi amiga Donna. «¡Dios puede ayudarla! ¡Es tan grande, tan poderoso, tan amoroso!»

«Pero Darlene... ¡es que ella no lo sabe!», respondió mi sabia amiga. Y tenía razón. Cuando Alex nació, su padre estaba tan desilusionado de que no fuera el hijo que tanto quería que le dio nombre de varón. Su vida en el hogar no tuvo apoyo alguno. Creció enfrentando muchas dificultades porque no sabía que podía confiar en que Dios es fiel y sincero.

Por otra parte, yo he sido extremadamente afortunada al haber visto de primera mano la fidelidad de Dios. Reconozco el legado invalorable de haber crecido en un hogar cristiano, casarme con un cristiano fantástico, establecer un hogar cristiano, y haber vivido hasta ver que mis tres hijos tengan hogares cristianos también. ¡Soy tan bendecida porque mi entorno me hizo estar inmersa en las Escrituras!

También sé que muchas mujeres de hoy no tienen ese legado. Aunque piensan de sí mismas como cristianas, en lo profundo de sus corazones no tienen la seguridad de que pueden apoyarse en Dios. Esperan, pero no tienen la certeza. Así que van cargando un peso de tensión, preocupación y depresión que la Palabra de Dios podría aliviar.

A veces, cuando leo la Biblia, siento tanta excitación que solo quiero salir corriendo para encontrar a alguien con quien pueda compartir lo que he descubierto... porque mi corazón se estremece ante las joyas de verdad que hay allí. Esta excitación por Dios se ha hecho palpable en esta colección de «palabras de aliento». Las ideas provienen de mi tiempo personal en la Palabra, y siguen hablándole con fuerza a mi corazón. Son mi esfuerzo por compartir mi legado de fe con otras mujeres.

No importa cuál sea la historia que tengamos detrás, todas necesitamos una perspectiva eterna. Estamos tan inmersas «en este mundo» que nuestra perspectiva se tuerce. No vemos a Dios, o a nuestras circunstancias, como lo que realmente Él es, o ellas son. Cada día necesitamos volver al Manual del Propietario para realinear nuestro pensamiento con el Suyo. Cuando leemos la Palabra, a veces Dios nos rodea con sus amorosos brazos y nos da fuerza para seguir. Otras, erige una barrera para que cambiemos de rumbo. Y también puede darnos una «patadita» espiritual para que hagamos lo que sabemos que deberíamos hacer. O quizá diga nada más: «Quédate conmigo por un momento. Quiero que pasemos un tiempo juntos». Siempre, sin embargo, nos alienta en el significado pleno de la palabra.

Oro que Dios utilice este libro para alentar tu corazón. Puedes confiar en Él. ¡Dios te ama!

Cuando tu situación parece imposible

DIOS ES CAPAZ

¿Qué es lo que puede hacer Dios? Quizá debiéramos dar vuelta la pregunta y decir: «¿Qué es lo que Dios no puede hacer?» ¿Se te ocurre algo?

¿Y qué hay con el problema que estás enfrentando ahora? Como está tan cerca de ti, ¿se ve más grande que Dios? ¿Proyecta una sombra que parece ocultar su presencia? Cuando los problemas de la vida se agigantan ante nosotros, tenemos la tendencia a perder el sentido de la perspectiva. Nos enfocamos en nuestra situación de conflicto y Dios parece esfumarse hacia la distancia en nuestras vidas; desde nuestro defectuoso punto de vista su presencia parece diminuta, insignificante.

En momentos como esos, necesitamos recordarnos la simple aunque increíble descripción que el apóstol Pablo da sobre lo que Dios puede hacer. Pablo nos dice que Dios «es poderoso para hacer todas las cosas mucho más abundantemente de lo que pedimos o entendemos» (Efesios 3:20).

Para poder realmente entender este versículo de manera práctica, necesito descomponerlo en pequeñas verdades. Pablo dice que Dios es capaz de hacer…

Lo que pido.
Todo lo que pido.
Más que todo lo que pido.
Abundantemente más que todo lo que pido.
Lo que puedo entender.
Todo lo que entiendo.
Más que todo lo que entiendo.
Abundantemente más que todo lo que pido o entiendo.

¡Vaya! ¡Con eso me basta para mis problemas de hoy!

Pero hay más todavía. Pablo nos dice *cómo* es que Dios puede hacer todo esto. Lo hace «según el poder que actúa en nosotros». Ese poder es el poder de la resurrección, el poder que resucitó a Jesús de entre los muertos, ¡el poder de «la vida indestructible» de Jesús (Hebreos 7:16)!

Quizá estés pensando: *Suena muy bien, pero no sé cómo se aplica exactamente a una visión práctica del problema que enfrento hoy.* Bueno, piénsalo de esta manera: Si Dios pudo resucitar a Jesús de entre los muertos, ¿es suficiente ese poder para ti con relación a tu necesidad? Yo diría que sí, ¿verdad? El Creador del universo está dispuesto a usar su poder en tu vida.

Este poder de Dios no es meramente una capacidad abstracta que Él tiene reservada para crear planetas, estrellas y universos. También obra dentro de nosotros, sus hijos. Sí, su poder vive dentro de nosotros, obrando desde adentro hacia fuera. Nuestra parte consiste en:

- cooperar con lo que Él está haciendo
- no obstaculizar su camino
- permitir que logre en nuestras vidas lo que Él quiere
- no insistir en hacer las cosas a «nuestra» manera.

Entonces su poder podrá producir lo que nunca jamás seríamos capaces de lograr con nuestras propias fuerzas.

Así que cuando te pones a ti misma y a tu dilema en medio de este versículo de Pablo, ¿qué parte de tu problema es demasiado para Dios?

El Dios de las
situaciones imposibles

¡El mar Rojo al frente, montañas a ambos lados, los ejércitos de Egipto que avanzan desde atrás! ¡Imposible escapar!

Esta es la situación en que se encontraban los hijos de Israel. Tal dilema fue una sorpresa total, porque después de todo, el faraón les había dicho que dejaran Egipto, pensando quizá: *¡Por fin me los saqué de encima!* Pero desdichadamente, después de que salieran, el rey egipcio cambió de idea. De repente se dio cuenta de que había despedido a su fuerza laboral, y los quiso de vuelta.

Quizá conozcas ya la historia: Dios separó de forma milagrosa las aguas del mar Rojo para que su pueblo pudiera cruzar pisando tierra seca. ¿Puedes imaginar el gozo del pueblo de

Dios cuando llegaron a la orilla opuesta del mar Rojo, a salvo de sus enemigos? De sus corazones surgió un cántico de alabanza:

> *Cantaré yo a Jehová, porque se*
> *ha magnificado grandemente;*
> *Ha echado en el mar al caballo y al jinete.*
> *Jehová es mi fortaleza y mi cántico,*
> *Y ha sido mi salvación.*
> *Este es mi Dios, y lo alabaré;*
> *Dios de mi padre, y lo enalteceré.*
> ÉXODO 15:1–2

Observa la frase: «Este es mi Dios». El Dios a quien cantaban era el Dios que había hecho venir diez plagas milagrosas aunque miserables sobre los egipcios, para que se turbara el corazón del faraón y los dejara salir de Egipto. Sin embargo, ¡en ese momento era también el Dios del cruce del mar Rojo! ¡Ahora sabían que este Dios que obraba milagros era *su* Dios! Israel tenía de su lado al Dios de la Situación Imposible.

¿Qué tipo de Dios tienes hoy? ¿Es Él el Dios de lo imposible? Un antiguo coro evangélico basado en una canción que

se escribió cuando se construía el canal de
Panamá dice:

¿Tienes ríos que
  parecen imposibles de cruzar?
¿Montañas que
  ningún túnel puede atravesar?
Dios se especializa en las
  cosas que pensamos imposibles.
Y Él puede hacer lo que nadie más.

También tú puedes decir: «¡Este es *mi* Dios!»
Si le ofreces el trono de tu vida, Él te dará su
guía cuando te enfrentes al mar Rojo de la
Situación Imposible. ¡Será tu Dios también!

HACIENDO LO IMPOSIBLE

«Con mi Dios asaltaré muros», dice el salmo 18:29.

Quizá no te parezca gran cosa. Tampoco es demasiado para mi hijo Steve... ¡él escala los precipicios más altos de Yosemite para divertirse!

Para mí, sin embargo, este versículo representa muy bien una imposibilidad. Yo no puedo escalar muros, y menos montañas de granito. (Steve dice que cuando se trata de escalar, ¡no puede creer que llevemos los mismos genes!) También es así en las circunstancias de la vida; por mí misma, toda obstrucción es demasiado elevada como para que pueda traspasarla, demasiado difícil.

No obstante, ¿alguna vez Dios me pide que haga lo imposible? Debo responder diciendo: «No». Esto significa que con Dios puedo franquear cualquier barrera para hacer su voluntad, ¿cierto? Bien, eso es lo que dice el versículo.

Así que solo me lo repito una y otra vez: «Puedo escalar ese muro. Puedo escalar ese muro. Puedo escalar…»

Pero no, no funciona así. No es suficiente que me convenza psicológicamente. Mi única esperanza de escalar el muro es «con mi Dios». Necesito que su brazo fuerte me ayude.

Dios nos ha dado algunas grandes promesas, y Él nos ayudará cuando escalemos muros. «Está mi alma apegada a ti; tu diestra me ha sostenido», dice el salmo 63:8. «Tuyo es el brazo potente; fuerte es tu mano, exaltada tu diestra» (Salmo 89:13). Y este es mi favorito: «Porque yo Jehová soy tu Dios, quien te sostiene de tu mano derecha, y te dice: No temas, yo te ayudo» (Isaías 41:13).

Es asombrosa la diferencia que sentimos cuando alguien nos ayuda a vencer un obstáculo. Aferrarse a una mano extendida es a veces todo lo que necesitamos. ¿Cuánta más ayuda encontraremos si nos aferramos a la mano que nos extiende *Dios*?

La mano que Dios nos ofrece no es nada endeble. Isaías pregunta algo que describe lo grande y fuerte que es la mano de Dios: «¿Quién midió las aguas con el hueco de su mano y los cielos con su palmo, con tres dedos juntó el polvo de la tierra, y pesó los montes con balanza y con pesas los collados?» (Isaías 40:12), y la respuesta obvia es: «Dios». «Mi mano fundó también la tierra, y mi mano derecha midió los cielos con el palmo; al llamarlos yo, comparecieron juntamente», dice Dios en Isaías 48:13.

Así que la próxima vez que Dios te dé un trabajo «imposible de hacer», busca su ponderosa mano, pide su fuerza, y cuenta con que Él te ayudará a salvar los obstáculos. Recuerda, Dios nunca nos pide lo imposible. Conoce nuestra fuerza muy bien y sabe que no es suficiente... ¡pero la Suya sí lo es, siempre!

Cuando Dios dice: «No»

«**M**aestro, queremos que hagas por nosotros lo que te pidamos», dijeron Santiago y Juan, dos de los discípulos de Jesús. ¡Eso sí lo entiendo! *Siempre* quiero que Jesús haga lo que le pido.

Resulta que el pedido de ellos era algo presuntuoso: querían sentarse a la derecha y a la izquierda de Jesús en el cielo. Pero el Señor no les habló con dureza. Puedo imaginar a Jesús negando suavemente con la cabeza, y respondiendo con dulzura: «No saben lo que están pidiendo» (véase Marcos 10:35–38). Estoy segura de que hay ocasiones en que ni yo misma entiendo qué es lo que estoy pidiendo.

La mayoría de nosotros entiende que Dios responde a nuestras oraciones de alguna de estas tres maneras:

- Sí
- No
- Espera un tiempo

A veces decimos: «¡Recibí respuesta a mi oración hoy!» Por supuesto, casi siempre queremos decir que Dios dijo «Sí» a uno de nuestros pedidos. Pero «No» también es una respuesta a la oración. Y le agradezco a Dios que como buen Padre que es, me ama lo suficiente como para decir a veces: «No».

Por supuesto que siempre le pido a Dios lo que quiero, pero mi conocimiento y visión limitados no me permiten ver lo que es mejor para mí. Como un niño que pide golosinas con insistencia, a veces pido cosas que no me alimentarían bien espiritualmente. Pero si pido algo que no es para mi bien, puedo estar segura de que Dios dirá: «No». Él no dirá que «Sí», cuando debiera decir que «No».

¿Alguna vez observaste que Dios Padre respondiera a la oración de Jesús con un «No»? La noche en que traicionaron y arrestaron a

Jesús en el Jardín de Getsemaní, tres veces Él oró: «Padre mío, si es posible, pase de mí esta copa» (Mateo 26:39). Dios Padre respondió a la oración de su Hijo, pero su respuesta fue: «No». Porque el Padre dijo «No» es que tú y yo somos salvos de nuestros pecados, y pasaremos la eternidad con Él.

Pablo dice: «Pues qué hemos de pedir como conviene, no lo sabemos, pero el Espíritu mismo intercede por nosotros con gemidos indecibles. Mas el que escudriña los corazones sabe cuál es la intención del Espíritu, porque conforme a la voluntad de Dios intercede por los santos» (Romanos 8:26–27). Dios nos ayuda en nuestra ignorancia y falta de sabiduría.

Cuando estés orando por algo especial, no te desalientes. Hoy quizá Dios diga: «Sí». O puede decirte: «Espera un tiempo». Pero si llega a decir: «No», ¡recuerda que nuestro Padre celestial sabe más que nosotros!

ENFRENTEMOS LOS HECHOS

Una vez Dios les prometió a dos ciudadanos ancianos, Abraham y Sara, que tendrían un hijo... algo que a su edad era obviamente imposible. Ahora, Abraham, famoso como hombre de fe, no era tonto. Comprendía muy bien que un hombre de cien años y su esposa de noventa no podrían ser padres. Aun así, Abraham enfrentó los hechos de la situación y confió en Dios. Eligió creer en la promesa.

Mira lo que dice la Biblia sobre Abraham: «Y no se debilitó en la fe al considerar su cuerpo, que estaba ya como muerto (siendo de casi cien años), o la esterilidad de la matriz de Sara. Tampoco dudó, por incredulidad, de la promesa de Dios, sino que se fortaleció en fe, dando gloria a Dios, plenamente convencido de que era también poderoso para hacer todo lo que había prometido» (Romanos 4:19–21).

¡Eso es lo que yo llamo «confianza absoluta» en Dios!

Hace poco mi tía Lois enfrentó una decisión sobre el riesgo de que le pusieran o no un dispositivo minúsculo (*stent*) en una arteria casi totalmente bloqueada. Antes de realizar la cirugía, el doctor nos miró a los ojos y dijo: «Antes de ir a lavarme las manos, quiero que sepan que sus posibilidades son de una en mil».

Lois y Jim debieron enfrentar el hecho de que ella estaba como muerta (para utilizar la expresión bíblica). Sin embargo, sin que se debilitara su fe, eligieron confiar en Dios y seguir adelante con la cirugía, y Dios decidió que viviera. ¡Es obvio que Dios todavía no había terminado con Lois!

Los hechos de cualquier situación incluyen dificultades e imposibilidades, pero también la realidad del poder de Dios para obrar en nuestra situación imposible.

Alguien dijo:

- Mira a tu alrededor... y sentirás desesperanza
- Mira dentro de ti... y sentirás depresión
- Mira a Jesús... y hallarás descanso.

En realidad, esa es la única forma en que uno puede estar tranquilo cuando se enfrenta a una situación imposible: mirando a Jesús. Enfocándonos en Él y no en las circunstancias. Llenando nuestra mente con la Palabra de Dios. Concentrando nuestra atención en sus promesas.

Sí, la fe significa enfrentar la realidad... y luego elegir de forma conciente creer en Dios y confiar en Él. Cuando lo hacemos, estamos poniendo en práctica la «absoluta confianza» en Dios que tenía Abraham.

Cuando estás
a oscuras...
y con temor

No temas

Cuando un ángel aparece ante alguien en la Biblia, por lo general lo primero que dice el ángel es: «No temas». No es raro que diga esto, ¿verdad? Jamás se me ha aparecido un ángel, pero estoy segura de que si sucediera, querría oír esas palabras. Así les sucedió a Agar, a Gedeón, a Zacarías, a María, a José, a los pastores en el campo y a las dos Marías junto al sepulcro vacío.

En realidad la frase «No temas», aparece muchas veces en las Escrituras. Philip Yancey dice: «La Biblia contiene trescientas sesenta y cinco órdenes de "no temer". Es la orden que más se repite en la Biblia».[1] Creo que es porque Dios sabe que somos propensos a sentir miedo cada vez que nos encontramos con algo que no entendemos o no podemos controlar, ya sea un ángel o un suceso ominoso en nuestras vidas.

Cuando busqué la frase «No temas» en un programa de búsqueda de la Biblia, me sorprendió y excitó encontrar que invariablemente está ligada a algo de Dios: su presencia, su poder, su actuación en el pasado, o su promesa: «No temas, porque soy...» O: «No teman, porque he...» O: «No temas, porque haré...» Aparentemente el antídoto al miedo es el conocimiento de que Dios está con nosotros, que Él es poderoso y que promete ayudarnos.

Uno de mis versículos favoritos es Isaías 41:10. Una y otra vez a lo largo de mi vida me alentaron estas palabras.

No temas, porque yo estoy contigo; no desmayes, porque yo soy tu Dios que te esfuerzo; siempre te ayudaré, siempre te sustentaré con la diestra de mi justicia.

Cuando era pequeña, mi papá solía llevarme a caminar con él. Mis manos eran tan diminutas, y las suyas tan grandes, que tenía que aferrarme a uno de sus dedos para no caer. Pero él sabía que con eso no alcanzaba, porque si yo tropezaba, podía caer con facilidad al soltárseme la mano. Así que me dejaba tomar su dedo, pero envolvía mi manita con sus otros dedos de modo que aunque yo me soltara, él igualmente me estaría sosteniendo. Decía que así es como Dios nos sostiene con su mano.

Sí, Señor, toma mi mano con fuerza. Me aferro a ti, pero es más importante todavía, que Tú me sostengas, y por eso me alegro... ¡y más que nunca cuando tengo miedo!

AMOR Y TEMOR

Siempre quiero entender lo que está sucediendo en mi vida. Puedo soportar la incomodidad y la miseria si sé *por qué* sucede.

Gedeón también sentía esto. Un día se le apareció el ángel del Señor y le dijo: «Jehová está contigo, varón esforzado y valiente». Y Gedeón le respondió: «Ah, señor mío, si Jehová está con nosotros, ¿por qué nos ha sobrevenido todo esto?» (Jueces 6:12–13).

¡Puedo sentirme identificada con esto! Sí, en mi mente sé que Dios ha prometido no abandonarme nunca. Pero si eso es verdad —y lo es— ¿por qué estoy pasando por momentos tan difíciles? Como dijo Gedeón: «¿Por qué me ha sobrevenido todo esto?» Cuando las cosas no marchan como yo quisiera y no lo entiendo, me siento ansiosa. El miedo se apodera de mi corazón.

Juan escribe algo que suena muy profundo, aunque hay que meditarlo durante un buen rato para apreciar su pleno sentido. Dice: «El perfecto amor echa fuera el temor» (1 Juan 4:18). Mi primer impulso es responder: «No, Juan, creo que te equivocas. Debieras decir: "El perfecto *entendimiento* echa fuera el temor"». Si Dios tan solo me dijera *por qué* tengo que soportar esta desagradable situación, yo no tendría miedo. Sin embargo, no es esto lo que dice Juan. Él indica que el perfecto amor echa fuera el temor, que el amor es el arma suprema contra el temor. Cuando entiendo de veras cuánto me ama Dios, el temor se va de mi corazón como se esfuma la oscuridad en el amanecer. Es porque el amor siempre dice…

- Quiero lo mejor para ti… siempre.
- Tengo en mente tu bien al final, y no tu comodidad de ahora.
- Mi amor incluye disciplina, porque me importas demasiado como para permitir que te conviertas en un niño malcriado.

Lo mejor que puedo saber en una situación difícil es que Aquel que permite la dificultad es también Aquel que me ama más que nadie en todo el universo. No, quizá no entienda la situación, pero sí sé que Él me ama... profundamente.

Y nosotros hemos conocido y creído el amor que Dios tiene para con nosotros. Dios es amor.
1 Juan 4:16

Pastor, Padre, Rey

«No temáis, manada pequeña, porque a vuestro Padre le ha placido daros el reino» (Lucas 12:32). En una sola afirmación Jesús transmite tres maneras diferentes en que nuestro Padre celestial muestra cuánto nos ama:

- «Manada pequeña»
- «Vuestro Padre»
- «El reino»

¡Esta sí que es una mezcla de metáforas! Jesús utilizó tres aquí. ¿Podrías ver los círculos rojos sobre el papel si Jesús hubiera entregado este pasaje como parte de una composición para la escuela?

Lo que el Señor quería era darnos la mayor seguridad posible. Quería evitarnos el miedo, así que utilizó no una, sino tres imágenes para comunicarnos por qué no hemos de temer. ¡Quería que supiéramos que Dios es nuestro Pastor, nuestro Padre y nuestro Rey!

Cada una de estas metáforas transmite el mensaje de que el entendimiento de Dios de la situación es mucho mayor que el nuestro. Después de todo, las ovejas son criaturas bastante tontas, los niños no tienen experiencia, y los súbditos de un reino no conocen todo lo que hay que saber sobre las cuestiones de estado. ¡Pero Dios sí lo sabe!

Y aun más confortante, cada una de estas metáforas nos dice que Dios se responsabiliza por nosotros. Es un Pastor para su manada. Es un Padre para su familia. Y es un Rey que se preocupa por sus súbditos. Somos el objeto de su mayor cuidado y preocupación.

Frente a las circunstancias con que te enfrentas hoy, no temas. Reconoce que Dios es tu Pastor, tu Padre, tu Rey. Toma una de estas imágenes, la que mejor se ajuste a tu situación. Fíjala en tu mente, y llévala contigo a lo largo del día. Dibuja si quieres algo que te la recuerde todo el tiempo, una corona, un cayado, o un padre con un niño... alguna cosa que te haga recordar que Dios te cuida.

Permite que esta realidad entre en lo profundo de tu corazón, y encontrarás coraje para enfrentar los desafíos.

Esperanza en la oscuridad

Si te levantas en mitad de la noche y tratas de caminar sin encender la luz, te encontrarás buscando a tientas los objetos que conoces; y quizá hasta te desorientes. Esa sensación de confusión y ansiedad es una imagen poderosa para representar la depresión, el desaliento, la incertidumbre o el temor.

Dios es Aquel que puede darme luz y sostenerme en esos momentos. Es como dijo David: «Tú encenderás mi lámpara; Jehová mi Dios alumbrará mis tinieblas» (Salmo 18:28). Dios trae esperanza en la depresión, rumbo en la confusión, luz para dar el siguiente paso.

Pero, ¿cómo encontramos la luz cuando estamos en medio de la oscuridad?

Mi padre, predicador durante más de setenta años, tenía un versículo favorito para los momentos de incertidumbre: «Yo soy la luz del mundo; el que me sigue, no andará en tinieblas, sino que tendrá la luz de la vida» (Juan 8:12). A veces la luz que Dios nos da es solo una velita, lo suficiente como para poder dar un paso nada más. Sin embargo, si le seguimos y andamos en sus pisadas, Él nos dará luz para el siguiente paso... y luego para el próximo. Ya sabes cómo es seguir a alguien en la oscuridad. Tienes que mantenerte bien cerca de esa persona para no perderla. Lo mismo sucede con Jesús. Debemos mantener los ojos en Él, la «luz de la vida». Si lo hacemos, no tropezaremos ni caeremos, porque es «como la luz de la mañana, como el resplandor del sol en una mañana sin nubes, como la lluvia que hace brotar la hierba de la tierra» (2 Samuel 23:4).

Si le sigues, Dios te promete que no andarás en tinieblas. Justo cuando creas que ya no puedes seguir, tendrás la luz que necesitas para dar un paso más. Encontrarás el rumbo de Dios para tu vida.

Un día ya no habrá más oscuridad. El libro del Apocalipsis —la parte de la Biblia donde se nos describe las cosas que todavía han de suceder— nos dice refiriéndose al cielo: «No habrá allí más noche; y no tienen necesidad de luz de lámpara, ni de luz del sol, porque Dios el Señor los iluminará; y reinarán por los siglos de los siglos» (Apocalipsis 22:5). No sentiremos la oscuridad de la noche —ni literal, ni espiritualmente— porque estaremos con el Señor, que es Luz. Ya no más depresión ni desaliento, no más confusión ni incertidumbre.

Hasta que llegue ese día: «El que anda en tinieblas y carece de luz, confíe en el nombre de Jehová, y apóyese en su Dios».
ISAÍAS 50:10

Cuando enfrentas la
tormenta

¡NECESITO AYUDA!

Cuando ves que una tormenta se aproxima a tu vida, una que sabes que será demasiado grande como para que puedas soportarla, ¿a quién acudes por auxilio? ¿En qué o quién te apoyas?

El profeta Isaías dijo:

> *¡Ay de los que descienden a Egipto*
> *por ayuda, y confían en caballos; y*
> *su esperanza ponen en carros, porque*
> *son muchos, y en jinetes, porque*
> *son valientes; y no miran al Santo*
> *de Israel, ni buscan a Jehová!*
> ISAÍAS 31:1

En la actualidad, la gente no es distinta de la que vivía en los tiempos de Isaías. Cuando ven que se aproxima un desastre, algunos recurren a personas de quienes piensan que tienen los medios como para poder sacarlos del apuro: amigos o «contactos» (Egipto, en el caso de Isaías). Otros confían en los recursos materiales que pueden tocar y ver (los caballos). Y otros, en los «números» (la multitud de carros). Otros dependen del poder de sus propios recursos (la fuerza de sus jinetes).

Pero Dios dice: «Busca ayuda del Señor». Cuando estamos buscando otros recursos o fuentes de auxilio, todo el tiempo Dios está esperando que le miremos y le pidamos ayuda. No es señal de debilidad pedir ayuda a Dios; esto es una señal de que confiamos en que Él vendrá en nuestro auxilio. Cuando llamamos, creemos que Él responderá.

No estamos recurriendo a un Dios incapaz, endeble. ¡Claro que no! Él es «el que hizo los Cielos y la tierra» (Salmo 121:2). Y, lo que es más, es nuestro padre.

En la caricatura «Rosa es Rosa», Mamá mira por la ventana y ve nubes de tormenta, y le dice a su hijo que está junto a ella: «El servicio meteorológico anuncia que se acerca una tormenta. ¿Tienes miedo Pascual?»

Pascual mira a su papá, que es muy alto, y pregunta: «¿Es más grande que papá?»[2]

Cuando enfrentamos una gran tormenta, la pregunta es: «¿Es más grande que nuestro Padre celestial?» ¡Seguro que no! Bueno, en tal caso:

Acerquémonos, pues, confiadamente al trono
de la gracia, para alcanzar misericordia
y hallar gracia para el oportuno socorro.
HEBREOS 4:16

En una tormenta grande necesitamos más ayuda de la que pueden darnos nuestros amigos —o de la que puede comprar el dinero— o nuestros grandes recursos personales. Necesitamos la ayuda del Señor.

«Estos confían en carros, y aquéllos en caballos; mas nosotros del nombre de Jehová nuestro Dios tendremos memoria», dice el salmo 20:7. Porque Dios es más grande que cualquier tormenta que tengamos que enfrentar jamás.

Reposo

Cuando las cosas en mi vida van como a mí me gusta, puedo reposar en Dios con toda facilidad. Pero ese tipo de reposo se basa en las circunstancias, no en Dios. Lo difícil es reposar cuando las circunstancias son lo opuesto a lo que me gustaría. Es como intentar dormir en medio de un huracán.

Ahora que lo pienso, Jesús dormía en un bote en medio de una tormenta. Sucedió en el mar de Galilea. Mateo dice: «Y entrando él en la barca, sus discípulos le siguieron. Y he aquí que se levantó en el mar una tempestad tan grande que las olas cubrían la barca; pero él dormía» (Mateo 8:23–24).

Muchas veces me he preguntado: «¿Cómo *pudo*?» Sí, sé que estaba agotado de hablar a las

multitudes, satisfaciendo sus necesidades. Pero...
¿dormir en medio de una *tormenta*?

Creo que la única razón por la que Jesús
podía dormir es porque sabía sin duda alguna
que no se hundirían. Los discípulos que
estaban con Él tenían miedo, ya que todavía
no entendían que el Dios que creó el agua
sobre la que navegaban estaba en el bote con
ellos. Recién estaban empezando a entender su
pleno poder.

Pedro era uno de los discípulos que estaba
en el bote ese día. Creo que aprendió una
lección, porque años más tarde cuando Pedro
fue arrestado por el rey Herodes y puesto en
prisión, la noche antes de su juicio durmió. Sin
duda Herodes tenía la intención de matarle
al día siguiente, porque la Biblia nos dice que
había matado recientemente a Santiago el
hermano de Juan con una espada, y cuando vio
que esto agradaba al pueblo, decidió arrestar a
Pedro. Así que aquí tenemos a Pedro en su celda
de la prisión la noche antes del juicio. Está entre
dos soldados, atado con cadenas, con centinelas
de guardia en la entrada... y Pedro duerme
(Hechos 12:1–6).

La única forma en que podemos dormir en una tormenta es sabiendo que Dios está con nosotros. Isaías dijo:

Tú guardarás en completa paz a aquel
cuyo pensamiento en ti persevera;
porque en ti ha confiado.
ISAÍAS 26:3

El salmista escribió:

En paz me acostaré, y asimismo
dormiré; porque solo tú, Jehová,
me haces vivir confiado.
SALMO 4:8

¿Dónde encontraremos reposo cuando no nos gusta lo que vemos?

Alma mía, en Dios solamente reposa,
porque de él es mi esperanza.
SALMO 62:5

Aquel que ve el final desde el principio sabe lo que está haciendo.

¡Milagros!

¡Tengo tan mala memoria! Cuando estoy en medio de un problema, me cuesta mucho recordar que Dios fue quien me sacó del último embrollo en el que me había metido. Así que olvido que Él también me ayudará en la circunstancia por la que estoy pasando.

Los hijos de Israel eran como yo:

Bien pronto olvidaron sus obras ...
Olvidaron al Dios de su salvación,
Que había hecho grandezas en Egipto.
SALMO 106:13, 21

Sin embargo, 1 Crónicas 16:12 nos urge: «¡Recuerden las maravillas que [Dios] ha realizado!» ¡Evoquemos todas esas veces en que Dios irrumpe en nuestra mente, como un lucero brillante! En mi propia vida, han ocurrido sucesos «milagrosos».

Por supuesto, no recuerdo esta ocasión, pero cuando era bebé, Dios milagrosamente me sanó de una infección aguda de mastoides en ambos oídos. Podría haber quedado casi sorda, pero no fue así.

Cuando tenía doce años, Dios me habló al corazón sobre lo que Él quería que hiciera con mi vida: ser esposa de un ministro. Fue una convicción de la que jamás dudé.

Un día, cuando mi esposo y yo éramos recién casados, estábamos viajando para desplegar nuestro ministerio en una ciudad lejana, donde mi marido debía predicar. Solo teníamos diez dólares. ¡Oramos! Todavía puedo recordar lo contentos que estuvimos al encontrar un restaurante buffet con un cartel que leía: «Coma todo lo que desee por $1.25».

Cuando estábamos empacando para ir a Filipinas, una mañana desperté de forma abrupta cantando la última estrofa de «Dios te cuidará»: «No importa cuál sea la prueba, Dios te cuidará. Descansa, tú que estás cansado, sobre mi pecho, Dios te cuidará».

En un viaje reciente a Asia enfermé y debí quedar en cama en lugar de asistir a un seminario donde debía hablar. Después de orar, Dios tocó mi cuerpo y a partir del día siguiente jamás volví a perder otra oportunidad de ministrar en ese viaje.

¿Milagros pequeños? Para mí, en cada una de esas oportunidades, fueron grandes.

En la tensión del día, no olvidemos que el Dios de los «milagros» del ayer es el mismo que nos acompaña hoy. Su provisión del pasado nos muestra que Él nos ayudará con nuestros problemas del presente.

Dedica un momento para recordar los milagros que Dios ha obrado en tu vida.

¿Es sabio y bueno Dios?

«Por lo tanto, cada vez que sientan la disposición de murmurar o sentirse inquietos por algo que sucede como efecto de la providencia de Dios, han de verse como negadores de su sabiduría o bondad». Esto lo escribió William Law, quien vivió entre 1686 y 1761.[3] ¡Ay! ¡Eso duele!

«¡Dios no puede ser sabio si me hace pasar por esta situación! ¡Dios no es bueno, porque si lo fuera no permitiría que esto me sucediera!» Esa es la lógica humana. Claro. Pero, ¿se corresponde con la verdad de la Biblia? ¿Es sabio Dios? ¿Es bueno?

Estoy muy feliz de que Dios jamás nos inculpe por preguntar: «¿Por qué?» En el libro de Job, por lo menos diecinueve veces se pregunta «¿por qué?»

Aquí van algunos ejemplos:

¿Por qué me pones por blanco tuyo?
¿Por qué trabajaré en vano?
¿Por qué me sacaste de la matriz? Hubiera yo
expirado, y ningún ojo me habría visto.
¿Por qué escondes tu rostro?
¿Por qué no he de ser impaciente?
¿Por qué viven los impíos, Y se envejecen, y aun
crecen en riquezas?
¿Por qué no establece el Todopoderoso los tiempos
del juicio?

De Job, la Biblia dice: «En todo esto no pecó Job con sus labios» (Job 2:10). Así que, quizá a Dios no le importe demasiado que preguntemos: «¿Por qué?»

¡Sin embargo, Dios no siempre nos da la respuesta a nuestra pregunta! Eso no nos gusta, pero así son las cosas. Esto no implica que Dios no sea sabio o bueno. Simplemente significa que no entendemos porque Él no nos lo dice. Y no obstante, Dios tiene razones que van más allá de nuestro diminuto entendimiento.

Me gusta lo que escribió Fenelon, un hombre que vivió más o menos en la misma época que William Law: «Cerremos entonces los ojos a lo que Dios nos oculta. Adorémosle sin ver».[4] Esto significa que debemos interpretar lo que no entendemos de Dios a la luz de lo que sí entendemos. Debemos dejar de lado lo que no comprendemos y adorar a Dios de todos modos. Todo se resume en una cuestión: ¿Puedo confiar en Dios aunque no lo entienda? Job dijo:

Aunque él me matare, en él esperaré.
JOB 13:14

A veces las tormentas de la vida requieren de ese tipo de fe.

FORTALECIDA... ¿PARA QUÉ?

En ocasiones, al leer la Biblia encuentro un versículo que dice lo que no espero: Colosenses 1:11 es así. Allí Pablo ora que los hijos de Dios sean «fortalecidos con todo poder, conforme a la potencia de su gloria, para...»

¿Para qué, Pablo? Yo esperaría que dijera algo como: «para que así puedan lograr grandes cosas para Dios». O al menos: «para que puedan ser victoriosos sobre el enemigo» ¡Algo grande y glorioso! Sin embargo, créalo o no, la siguiente frase dice: «para toda paciencia y longanimidad».

¡Esto no es lo que yo esperaba! Sí, hace falta el poder de Dios para que yo pueda tener paciencia, para que pueda soportar, pero ese no suele ser mi objetivo. Yo quiero victoria, no paciencia. ¿Paciencia? Soy como el escritor del salmo 6, que pregunta: «¿Hasta cuándo?» (versículo 3).

Habrá oído de la oración que dice: «Señor, quiero paciencia... ¡y la quiero ahora mismo!» Sin obstante, Dios no nos da la paciencia en píldoras que tomamos una vez al día. La paciencia es el fruto del Espíritu de Dios que obra en nuestras vidas, el producto que crece cultivado por Dios, y no por nosotros.

En esto es glorificado mi Padre,
en que llevéis mucho fruto, y
seáis así mis discípulos.
JUAN 15:8

La paciencia es parte del fruto, del fruto del Espíritu (Gálatas 5:22–23).

¿Cómo obtenemos esta paciencia y longanimidad? Pablo dice que al ser «fortalecidos [hechos más resistentes, edificados, fortificados] con todo poder, conforme la potencia de su gloria [magnificencia, majestad, grandeza]». Son palabras fuertes.

Y en verdad, también son palabras de gran aliento. Pensemos en ser fortalecidos por el gran poder de Dios. Dios es la fuente de la paciencia y longanimidad en mi vida, y su provisión es infinita. Su poder y fuerza son más que suficiente para cualquier tormenta que deba enfrentar.

Me gusta mucho cómo describe Pablo en Efesios «la supereminente grandeza de su poder para con nosotros los que creemos, según la operación del poder de su fuerza, la cual operó en Cristo, resucitándole de los muertos» (Efesios 1:19–20). ¡El poder de Dios es poder de resurrección! ¡Y es para nosotros!

El es «poderoso para hacer todas las cosas mucho más abundantemente de lo que pedimos o entendemos» (Efesios 3:20). ¡Hasta puede lograr que yo sea paciente!

Dar gracias siempre

«D ando siempre gracias por todo al Dios
y Padre, en el nombre de nuestro
Señor Jesucristo» (Efesios 5:20). ¿Dijo de veras
gracias por «todo»? Me pregunto, entonces,
qué quiere decir *todo*. ¡Muy fácil de decir, pero
difícil de hacer!

Sin embargo, Jesús nos dio un ejemplo
a seguir, porque Él dio gracias en las peores
circunstancias: Dio gracias por el pan y el vino
que les sirvió a sus discípulos en su última
cena antes de su muerte. ¡Estos elementos
representaban su cuerpo y su sangre!

«Mientras comían, tomó Jesús el pan, y
bendijo, y lo partió... Y tomando la copa, y
habiendo dado gracias, les dio» (Mateo 26:26–
27, énfasis añadido).

¿Cómo es que daba gracias al Padre por
su propio cuerpo quebrantado, su propia

sangre derramada? Solo es posible si miraba el sufrimiento y la muerte con ojos que veían desde una perspectiva eterna.

¿No sucede lo mismo contigo, conmigo? La única forma en que podemos dar gracias siempre es si vemos las circunstancias difíciles desde la perspectiva de Dios. Sin duda eso es lo que significa la frase «dando siempre gracias... en el nombre de nuestro Señor Jesucristo».

Creo que si David, el escritor de tantos salmos, viviera hoy, hubiese escrito una alabanza en forma de salmo más o menos como esta:

Alaben al Señor.
Alábenle en el glorioso brillo del sol;
Alábenle en la llovizna helada.
Alábenle cuando van a la iglesia;
Alábenle cuando van al dentista.
Alábenle en la fila de espera;
Alábenle en el peor tráfico.

Alábenle mientras trabajan;
Alábenle cuando están de vacaciones.
Alábenle el día de pago, y cuando pagan la hipoteca.
Alábenle cuando abren los ojos por la mañana.

Alábenle cuando no pueden cerrarlos por la noche.
Alábenle por la comida para llevar a casa y por
las cenas elegantes.
Alábenle por las computadoras y el correo
electrónico.
Alábenle cuando tienen trece años.

Alábenle cuando tienen noventa y tres.
Alábenle en medio de una reunión familiar ruidosa;
Alábenle en la quietud de una habitación, a solas.
Alábenle en el reproductor de CD y el estéreo del
auto.
Alábenle con bocinas, tambores y amplificadores
de sonido;
Alábenle con su corazón y su voz... o en silencio.

Que todo lo que respira alabe al Señor.
Alaben al Señor.

El día que está aún por venir, o el que acaba de terminar, pueden ser nublados y tormentosos. Pero William A. Ward, el editor de un periódico, dijo una vez: «Dios te ha regalado ochenta y seis mil segundos hoy. ¿Has usado alguno para decir: "Gracias"?»

Cuando estás
peleando una batalla

DOS ARMAS

Imagina esto: Estás realmente deprimida, de cara al suelo, cansada, desalentada, tocas el fondo. Sientes el aliento del enemigo en la nuca, susurrando:

- Jamás podrás dejar ese hábito. Apenas lo intentes, volverás y lo harás de nuevo.
- Jamás lograrás atravesar esta situación... no hay esperanza para ti.
- A Dios no le importa. Si realmente le importaras y te amara, jamás habría permitido que esto te sucediera.
- Dios se ha olvidado de ti... estás sola.
- Estás «acabada».

Sí, el enemigo de tu alma dispara flechas incendiaras contra ti justo cuando más débil te sientes. ¡Y cómo duelen! ¿Qué harás?

Dios nos ha dado dos armas: un escudo y una espada. Pablo habla de ellas. Dice que tenemos «armas de justicia a diestra y a siniestra» (2 Corintios 6:7). Nos dice: «Tomad el escudo de la fe, con que podáis apagar todos los dardos de fuego del maligno». Luego nos pide que tomemos «la espada del Espíritu, que es la palabra de Dios» (Efesios 6:16–17).

Suponiendo que seas diestra, esto significa que tienes el escudo de la fe en la mano izquierda y la espada de la Palabra de Dios en tu mano derecha. Una es un arma de defensa, y la otra, de ataque.

El enemigo disparará flechas incendiarias hacia ti, cuenta con ello. Pero si tienes el escudo de la fe, puedes defenderte y sus dardos no herirán tus órganos vitales espirituales. Además, puedes atacarle con la Palabra de Dios... y tu enemigo no es contrincante digno de Dios.

Así que, la próxima vez que estés en batalla espiritual, recuerda que tienes dos poderosas armas: el escudo de la fe y la espada de la

Palabra de Dios. Estas «armas de nuestra milicia no son carnales, sino poderosas en Dios para la destrucción de fortalezas» (2 Corintios 10:4).

*Pero fiel es el Señor, que os
afirmará y guardará del mal.*
2 TESALONICENSES 3:3

¡Reclama para ti esta promesa hoy cuando salgas a dar batalla!

LO VISIBLE Y LO INVISIBLE

¿En qué puedo confiar con más facilidad: en lo que veo o en lo que no veo? ¡Definitivamente, en lo que puedo ver y tocar! Si estoy enferma, quiero medicina. Si no tengo dinero, quiero dinero. Si estoy siendo atacada, quiero que alguien me ayude. Pero a veces, lo visible no alcanza.

Cuando Ezequías, rey de Judá, vio que Jerusalén iba a ser invadida por Senaquerib, rey de Asiria (2 Crónicas 32), hizo todos los preparativos que pudo. Fabricó gran cantidad de armas y escudos, construyó torres, reparó las partes rotas de la muralla, y luego construyó otra muralla más alrededor de la antigua. Como la provisión de agua de la ciudad estaba fuera de la muralla, cavó un túnel subterráneo para que el agua fluyera hacia dentro (existe hoy aún).

Ezequías sabía, sin embargo, que también debía preparar los corazones de su pueblo. No era fácil mantener alta su moral. Mientras Ezequías preparaba todo esto, Senaquerib, su enemigo, se burlaba del pueblo de Jerusalén, diciendo:

> *¿En quién confiáis vosotros, al resistir el sitio en Jerusalén? ¿No os engaña Ezequías para entregaros a muerte, a hambre y a sed, al decir: Jehová nuestro Dios nos librará de la mano del rey de Asiria? ... ¿No habéis sabido lo que yo y mis padres hemos hecho a todos los pueblos de la tierra? ¿Pudieron los dioses de las naciones de esas tierras librar su tierra de mi mano? ... ¿Cómo podrá vuestro Dios libraros de mi mano?*
> 2 CRÓNICAS 32:10–14

Sin embargo, Ezequías respondió con estas palabras a sus líderes:

Esforzaos y animaos; no temáis, ni
tengáis miedo del rey de Asiria, ni
de toda la multitud que con él viene;
porque más hay con nosotros que con él.
Con él está el brazo de carne, mas con
nosotros está Jehová nuestro Dios para
ayudarnos y pelear nuestras batallas.
2 Crónicas 32:7–8

Sin minimizar la gravedad de la situación, Ezequías urgió a sus líderes a tomar en cuenta lo invisible: un poder más grande que el de Senaquerib, no al «brazo de carne» sino al Señor, su Dios.

¿Cuál fue el resultado? El Dios invisible peleó por su pueblo. El Señor envió a un ángel que aniquiló a todos los ejércitos del rey asirio. Senaquerib tuvo que retirarse a su propia tierra en desgracia, y allí, sus propios hijos le asesinaron.

¿Y qué hay de ese problema en el que te encuentras ahora? «Sé fuerte y valiente», dice Dios. No permitas que las circunstancias hagan que tengas miedo o que desmayes. Contigo hay un poder mayor que el enemigo que enfrentas.

Con él está el brazo de carne, mas con nosotros está Jehová nuestro Dios para ayudarnos y pelear nuestras batallas.
2 Crónicas 32:8

¡Concentra tu visión en el Dios invisible y ten valor!

Paz

¿Qué imagen te viene a la mente cuando piensas en la palabra «paz»? A menudo pienso en el Lago Espejo del Parque Nacional Yosemite. La hermosura de ese lugar en la primavera, con las montañas de granito y los árboles en flor que se reflejan sobre la superficie del lago, tan calmo, ha quedado en mi mente como imagen de la esencia de la paz.

Ahora, cuando se trata de la paz del día a día, me cuesta conectar mi vida con un lago calmo, sin siquiera una ola. El océano, con sus mareas y enormes olas, es una comparación más adecuada. Sabes a qué me refiero... en la vida uno nunca sabe cuándo ha de venir una tormenta.

«La paz de Dios gobierne en vuestros corazones», dice el apóstol Pablo (Colosenses 3:15). Por lo general pensamos que la paz es pasividad, ausencia de conflicto. Sin embargo, Pablo habla de la paz como de algo activo. «La paz de Cristo gobierne», dice. Esto significa que la paz ha de gobernar, administrar, tener poder sobre nuestras vidas y presidirlas.

Y es que la paz de Cristo no es una pasiva ausencia de conflicto, sino un activo árbitro en medio del conflicto. Cuando las circunstancias de mi vida son tumultuosas, he de dejar que la paz de Cristo me gobierne o controle.

¿Cómo podemos lograr esto? Algunas de las batallas más desalentadoras en la vida no son las más dramáticas, sino las pequeñas tensiones cotidianas que todos tenemos... como cuando poseemos una lista de cosas pendientes por hacer más larga que el papel en que escribimos, y además, llegan parientes de visita, y encima, sentimos que estamos a punto de engriparnos. En días así, cuando uno simplemente no tiene la fuerza como para enfrentar la batalla diaria de nuestros horarios, ¿cómo podríamos «dejar que la paz de Cristo gobierne»?

Parece imposible. Pero es precisamente entonces que *necesitamos* que la paz de Cristo gobierne. En ese punto decimos: «Dios, esta

situación está totalmente fuera de mi control.
No puedo hacer nada para ordenar este caos.
Todo es un embrollo. Toma tú ahora las riendas.
Viviré este día un minuto a la vez, intentando
hacer lo que quieres que haga. Pero estás a
cargo, no yo». Es sorprendente la paz que
inunda el corazón —la paz de Dios— cuando le
entregamos la responsabilidad.

La paz de Cristo no es la negación de las
circunstancias, sino en cambio, un compromiso
con el hecho de que Él es suficiente ante
nuestras circunstancias. Con Él nos basta.
¡Cuando le ponemos al frente de nuestras vidas,
la batalla ya está ganada!

ENFÓCATE EN EL RESULTADO

Unos días antes de ser crucificado, Jesús dijo:

> *Ha llegado la hora para que el Hijo*
> *del Hombre sea glorificado.*
> JUAN 12:23

¿*Glorificado*? ¡Yo no hubiera utilizado esa palabra! ¡Jesús estaba a punto de sufrir de forma increíble, terrible! ¿Sabía que le pondrían una corona de espinas, que le darían latigazos? ¿Sabía que habría una cruz, y clavos, y una lanza? ¿Y qué sobre la tremenda carga de pecados que llevaría con Él? ¿Sabía todo esto cuando utilizó la palabra «glorificado»?

Sí, lo sabía. Conocía todo lo que sufriría en su agonía. Pero también percibía el gozo que vendría. Sabía que tres días después de su crucifixión, dejaría de lado las mortajas y saldría de la fría tumba, resucitado de entre los muertos. Sabía que una vez más estaría en comunión con sus discípulos, a los que amaba tanto. Y se percataba de que un día presentaría ante su padre a aquellos que había redimido. Sabía que en ese glorioso día «millones de millones» de ángeles rodearían el trono de Dios, cantando:

> *El Cordero que fue inmolado*
> *es digno de tomar el poder, las*
> *riquezas, la sabiduría, la fortaleza,*
> *la honra, la gloria y la alabanza.*
> APOCALIPSIS 5:12

En todo su sufrimiento Jesús mantuvo un asombroso sentido de la perspectiva. El escritor de Hebreos dice que por el «gozo puesto delante de Él», soportó la cruz. Pudo ver más allá de la miseria del momento presente, hacia lo que sería el resultado futuro.

Esa es, sin embargo, la diferencia entre Jesús y nosotros: Jesús se concentró en el resultado final, no en el proceso doloroso. Demasiado a menudo nos estancamos en el camino. La batalla que luchamos nos lastima tanto que solo podemos pensar en detener el dolor.

Podemos recibir aliento si buscamos a alguien que ha logrado hacer lo que intentamos nosotros; alguien que haya peleado esta misma batalla, ganándola. Tenemos un héroe a quien emular, el Héroe Supremo en la persona de Jesús. Él nos dice cómo podemos lograr transitar por el sufrimiento que trae la vida. Dice que el secreto es mantener la atención concentrada en nuestro Héroe, Jesucristo. «Puestos los ojos en Jesús», dice el escritor de Hebreos. «Considerad a aquel que sufrió tal contradicción de pecadores contra sí mismo, para que vuestro ánimo no se canse hasta desmayar» (Hebreos 12:2–3).

¿Estás parada al pie de un problema del tamaño del Monte Everest, con la vista puesta en lo que debes conquistar? O quizá no puedas ver más allá del lodo que hay bajo tus pies, porque no tienes siquiera el coraje de mirar la batalla de frente. Sea cual fuere la pelea que debamos soportar, estoy segura de que convendrás conmigo en que comparada con lo que sufrió Jesús, es poco. Cuando tu batalla te parezca demasiado para ti, mira hacia lo que hay delante. Enfoca tu atención en Jesús y en el resultado final de tu fe.

Puedes tener paz y fuerzas en medio del sufrimiento. Pero es la paz y la fuerza de Dios... el tipo de paz y fuerza que vienen de hacer su voluntad y descubrir que sus recursos son suficientes para cualquier batalla que tengamos que enfrentar.

La paz os dejo, mi paz os doy, dijo Jesús.
JUAN 14:27

Esta es la paz y la fuerza que vienen cuando miramos más allá del proceso doloroso y nos concentramos en el resultado final. No importa con qué estés luchando hoy, fija tu mirada en Jesús... y observa mediante la fe el resultado victorioso que está por venir.

MIEDO Y DESALIENTO

Cuando Dios me da una tarea a menudo tengo que pelear contra dos enemigos: el miedo y el desaliento. Temo intentarlo porque creo que podría fracasar. Y cuando sí lo intento, me desaliento porque veo que la tarea es más difícil —o lleva más tiempo— del que esperaba.

La respuesta de Dios ante el miedo y el desaliento es la seguridad de su presencia constante.

Dios le dijo a Josué: Mira que te mando que te esfuerces y seas valiente; no temas ni desmayes, porque Jehová tu Dios estará contigo en dondequiera que vayas.
JOSUÉ 1:9

Cuando Dios pronunció estas palabras, Moisés había muerto. Todos sabían que Dios había estado con Moisés de manera portentosa, pero ahora Josué había tomado su lugar. Dios sabía que como nuevo líder de su pueblo, Josué sentiría miedo y depresión. Así que le dijo: «No importa dónde vayas, no importa qué sientas, estaré contigo. Jamás te abandonaré». El Señor le dio una promesa similar a la nación de Judá:

Cuando pases por las aguas, yo estaré
contigo; y si por los ríos, no te anegarán.
Cuando pases por el fuego, no te
quemarás, ni la llama arderá en ti.
Isaías 43:2

Mi esposo suele destacar que Dios no dice: «*Si pasas* por las aguas», o «*si pasas* por el fuego». No. Él dice *cuando;* da por sentado que pasaremos por esas experiencias. Sin embargo, Dios dice que no hemos de pasarlas solos. Él estará con nosotros. Nada de lo que suceda, no importa cuán terrible se vea, será verdadera y eternamente desastroso, porque él sabe cuánto podemos soportar y no permitirá que el agua nos ahogue, ni que el fuego nos queme. No importa cuán oscura y terrible sea la batalla, Dios nos hará salir sanos y salvos.

Cuando tenemos miedo o sentimos desaliento, ¡qué consuelo es tener un amigo que comparta su tiempo con nosotros y nos dé palabras de aliento! ¡Y cuánto más reconfortante es que no sea un amigo meramente humano, sino el Dios Todopoderoso que nos ama tanto, quien esté con nosotros en estas experiencias! A veces podemos sentir desaliento o miedo. Y entonces nos *sentimos* solos. Pero como hijos de Dios jamás lo estamos. Él siempre está contigo, y no importa cuán feroz sea la batalla, jamás te abandonará.

Cuando necesitas
consuelo

CUANDO NECESITAS
DÓNDE ESCONDERTE

Eran dos torres de ciento diez pisos de alto, sin embargo, las Torres Gemelas del World Trade Center cayeron en medio de una nube de polvo. Si me hubieran dicho que esto iba a suceder cuando miraba su imponente altura hace unos años, habría dicho: «¡Imposible!» Ahora, como resultado de un acto terrorista, son historia; y nuestra burbuja de cristal de seguridad en los Estados Unidos se ha reventado. Nos sentimos vulnerables. La gente en muchos lugares del mundo ha vivido de esta manera toda su vida. Pero para la mayoría de nosotros, es una experiencia nueva. Cuando sucedió la tragedia del 11 de septiembre, lo único que yo quería hacer era correr a esconderme. Quería encontrar un refugio seguro en donde pudiera procesar todo lo ocurrido. La Biblia nos habla de un refugio como este. Por cierto, las Escrituras nos ofrecen muchas imágenes de absoluta seguridad: «Porque él me esconderá en su tabernáculo en el día del mal» (Salmo 27:5). «El eterno Dios es tu refugio» (Deuteronomio 33:27). La Biblia nos habla del Dios «bajo cuyas alas has venido a refugiarte» (Rut 2:12). Si quieres leer más, busca el salmo 143:9; 2 Samuel 22:3,31, el salmo 18:2, el salmo 46:1, el salmo 61:3, el salmo 91:4 y Jeremías 17:17.

Ahora, todos estamos dolorosamente concientes de que ninguna torre construida por los seres humanos es lo suficientemente fuerte como para garantizar protección. Y sin embargo, muchas veces sigo buscando refugio en torres construidas por mí, pensando que allí encontraré seguridad. A veces acudo a mis «inteligentes» decisiones, creyendo que mi análisis de la situación es mejor. O corro a las torres de las relaciones humanas, hablando con un amigo y aceptando su «visión» de la situación, en lugar de acudir al Señor. En muchas otras ocasiones busco ayuda material, algo que el dinero pueda comprar, para sentirme protegida. Si nada logra apaciguar mi temor, corro a la torre de mi encierro, como concha de mar, retirándome del mundo que me rodea porque todo me da miedo. La Biblia nos ofrece otra alternativa:

> *Torre fuerte es el nombre de Jehová; A él correrá el justo, y será levantado.*
> PROVERBIOS 18:10

Estarás pensando en las muchas personas que perdieron la vida en la tragedia del 11 de septiembre. ¿Dónde estaba Dios? ¿Qué tipo de protección es un Dios que permitió que tanta gente muriera? Ese día, al buscar en las Escrituras, encontré otro versículo que me hizo cambiar de perspectiva:

> *Por su maldad será lanzado el impío; Mas el justo en su muerte tiene esperanza.*
> PROVERBIOS 14:32

Aun en la muerte podemos refugiarnos en Dios, porque a través de Cristo la muerte es meramente el acontecimiento que nos trae ante la presencia del Padre. La muerte no es el final en realidad, sino el comienzo de la vida como ha de ser.

¿Necesitas dónde esconderte cuando la vida te resulta demasiado? ¡Prueba la torre segura y fuerte del Señor! Es un lugar de seguridad... en la vida o en la muerte.

¡BASTA DE MUERTE!

Alguien señaló una vez que todo certificado de nacimiento trae adjunto un certificado de defunción. En la Agencia de Estadísticas hay igual cantidad de certificados de nacimiento y de defunción para todos nosotros. Y todo aquel que nace, alguna vez llega a encontrarse con el sepulturero, aunque prefiramos no pensar en ello.

Sin embargo, ¡hay muy buenas noticias! Un día, ya no se llenarán más certificados de defunción, ni habrá más funerales. ¡La muerte habrá sido derrotada para siempre! Isaías nos dice que Dios «destruirá en este monte la cubierta con que están cubiertos todos los pueblos, y el velo que envuelve a todas las naciones. Destruirá a la muerte para siempre; y enjugará Jehová el Señor toda lágrima

de todos los rostros ... Jehová lo ha dicho»
(Isaías 25:7–8).

No importa adónde vayas, si es a una
aldea egipcia, a una montaña en los Andes,
a la casa de una familia adinerada en Hong
Kong, o a tu propia ciudad. En todas partes
la muerte causa profundo dolor. Ha sido así
desde que comenzó la vida en esta tierra. ¡Qué
maravilloso será cuando ya no haya muerte!
¡Dios destruirá a la muerte para siempre!
Me gusta mucho esa imagen. Jamás volverá
la muerte a llevarse a nuestros seres amados,
porque ya no existirá más.

Ese día, Dios no dirá simplemente: «No
llores». Como padre amoroso que toma en
sus brazos a un niño que llora, Él enjugará las
lágrimas de nuestro rostro. Pero cuando Dios
seque nuestras lágrimas, estas se habrán ido
para siempre. ¡Qué gran día será!

Isaías dice que en ese día «no dirá el
morador: "Estoy enfermo"» (Isaías 33:24).
Jamás tendrás que ver cómo un ser querido
sufre un intenso dolor producido por una
enfermedad incurable. Jamás volverás a estar
junto al lecho de alguien que amas mientras
pierde las fuerzas y la vida lentamente, porque

ya no existirá la enfermedad. No tendremos que volver a decirle adiós a ninguno de nuestros seres queridos. Nos reuniremos con amigos y familiares que ya están en la presencia del Señor, porque han ido antes que nosotros.

No podemos evitar el hecho de que haya igual cantidad de certificados de nacimiento y de defunción en el mundo en que vivimos. Pero a través de Cristo Jesús, cada uno de nosotros tiene derecho a un certificado de «nuevo nacimiento», que no tiene equivalente correspondiente en el mundo de la muerte.

Sé paciente por un tiempo más. La muerte será derrotada al final. Como dijo Isaías: «¡Jehová lo ha dicho!»

Este mundo no es mi hogar

Esperamos demasiado de esta vida aquí en la tierra. Actuamos como si pudiéramos establecernos y hacer de este lugar nuestro hogar para siempre. Sin embargo, en la Biblia se le llama tres veces al pueblo de Dios «extranjeros»... y a pesar de eso la mayoría de nosotros vive como si esperáramos que esta vida actual continuara indefinidamente. Trabajamos y ahorramos para nuestro retiro como si fuera el mismo cielo, cuando en realidad «nuestra ciudadanía está en los cielos» (Filipenses 3:20). «Conducíos en temor todo el tiempo de vuestra peregrinación», dice Pedro (1 Pedro 1:17).

Esperamos que este mundo quebrantado tenga las respuestas a la paz y la felicidad. Piensa en la Navidad, por ejemplo.

Idealizamos a la familia, sentada felizmente junto al árbol de Navidad, con paz y amor en sus corazones. Sin embargo, la realidad es que la Navidad no siempre trae como quisiéramos la cercanía de los familiares y amigos. Alguien se enoja y se niega a asistir a la reunión. Un ser querido falta a causa de una enfermedad...o la muerte. El divorcio y los segundos matrimonios crean problemas que la sabiduría de Salomón no puede resolver. Y cuando pasa la temporada navideña y finalmente se guardan las luces y guirnaldas, no podemos más que decir: «Bueno, quizá el año que viene».

«Si por propósitos prácticos creemos que esta vida es nuestra oportunidad de ser felices, sepamos que lo que hoy tenemos es lo que tendremos», escribieron Brent Curtis y John Eldredge. «Viviremos como hombres y mujeres desesperados, con exigencias, y finalmente sin esperanza. Pondremos sobre los hombros de este mundo una carga para la que no fue diseñado... A decir verdad, la mayoría de nosotros vive como si la vida *fuera* nuestra única esperanza, y luego nos sentimos culpables por querer hacer exactamente lo que Pablo dijo que haría si esto fuera cierto [Comamos, bebamos y disfrutemos, porque mañana moriremos.]».[5] El cielo es nuestro verdadero hogar, y la perfección no se logrará hasta que lleguemos allí. Dios nos hizo para que pasemos la eternidad con Él y aunque podamos tener aquí en esta tierra un anticipo de su presencia, un día le veremos cara a cara. ¡Esa sí será vida de veras!

Job es un hombre que vivió la vida en sus peores facetas. Un día llegó a lo peor de lo peor. Murieron sus hijos, ya no tuvo ganado, su hogar se destruyó, su esposa estaba alejada de él, y su cuerpo sufría tremendos dolores. Uno esperaría que Job estuviera enojado con Dios por haber permitido tan indecible sufrimiento. Sin embargo, lee lo que él dijo:

> *Yo sé que mi Redentor vive,*
> *Y al fin se levantará sobre el polvo;*
> *Y después de deshecha esta mi piel,*
> *En mi carne he de ver a Dios;*
> *Al cual veré por mí mismo,*
> *Y mis ojos lo verán, y no otro,*
> *Aunque mi corazón desfallece dentro de mí.*
> Job 19:25–27

Lo que mantenía a Job era la esperanza, no solamente en que las cosas mejorarían en su vida actual, sino en que si esto no sucedía, todavía podía tener esperanzas de ver a Dios. Pedro lo dijo de manera concreta: «Esperad por completo en la gracia que se os traerá cuando Jesucristo sea manifestado» (1 Pedro 1:13).

Curtis y Eldredge dicen: «Nuestro anhelo del cielo nos susurra en nuestra desilusión, y grita en nuestra agonía. "¡Si encuentro en mí deseos que nada en esta tierra puede satisfacer", escribió C. S. Lewis, "la única explicación lógica es que fui creado para otro mundo"».[6]

Así es. Este mundo no es nuestro hogar. Fuimos creados para otro mundo. Lo que vivimos en esta vida no es lo máximo que obtendremos. Así que, eleva tus ojos, mira al cielo y ten valor. ¡Lo mejor aún está por venir!

MOMENTOS DE BELLEZA

Solía preguntarme por qué cada Día de
Acción de Gracias tomábamos una
fotografía de toda la familia sentada alrededor
de la mesa, ya que todas las fotos, año tras
año, se veían muy parecidas. Siempre era un
poco como un desafío —lograr que todos se
sentaran para la foto y que la comida no se
enfriara— pero esto formaba parte de nuestro
ritual del Día de Acción de Gracias. Ahora
sé que era importante, porque ha llegado el
tiempo en que nuestros padres han partido
para estar con el Señor, y nuestros bebés han
crecido y tienen sus propios bebés. Como dice
la vieja canción: «Tenemos esos momentos
que recordar».

Cuando observo la belleza sobrecogedora
y siento que un momento es importante

—como el nacimiento de un bebé, un atardecer bello, una rosa, una reunión familiar o una enorme montaña delante de mí— es extraño, pero tengo sentimientos ambivalentes. Siento asombro, maravilla y gozo... y al mismo tiempo, sufrimiento. Creo que es porque no puedo conservar la belleza o la importancia de lo que estoy viendo. Es como si quisiera tomarlo en mis manos, capturarlo y guardarlo para siempre, pero sé que no puedo hacerlo.

Sin duda, por esto Kodak ha llegado a ser una compañía tan grande, y también el motivo por el que nuestro continente quizá un día se hunda bajo el peso de la cantidad de cajas y álbumes de fotografías que todos guardamos en casa. Queremos conservar los momentos especiales.

Creo, aunque no puedo probarlo a partir de las Escrituras, que en el cielo ya no tendremos sentimientos ambivalentes cuando veamos la belleza, porque allí nunca se esfumará. El cielo será perfecto... y nosotros también. Pedro nos dice que tenemos «una herencia incorruptible, incontaminada e inmarcesible, reservada en los cielos para vosotros» (1 Pedro 1:4). Tendremos la eternidad entera para apreciar lo que vivimos.

Sí, hechos a imagen y semejanza de Dios, podemos comprender la perfección ahora. Pero al vivir en un mundo de pecado no podemos lograrla o aferrarnos a ella. Sin embargo, tenemos un Salvador que sí es perfecto. Es por eso que encontramos tal reposo, gozo y paz en Él, porque es todo lo que anhelamos en cuanto a belleza y significado. Y no solo podemos aferrarnos a Él —lo cual no podemos hacer con la belleza de la tierra— sino que incluso mejor, ¡es Él quien se aferra a nosotros!

Judas dice que Dios «es poderoso para guardaros sin caída, y presentaros sin mancha delante de su gloria con gran alegría» (Judas 1:24). Luego concluye:

Al único y sabio Dios, nuestro Salvador,
sea gloria y majestad, imperio y potencia,
ahora y por todos los siglos. Amén.
JUDAS 1:25

YO TE SOSTENDRÉ

Nuestro hijo dice que hay tres etapas en la vida: juventud, mediana edad y «¡oh, qué bien te ves hoy!»

Sonreímos pero, si lo pensamos en serio, la ancianidad puede ser una época de necesidad, algo que nos asusta. En los últimos dos años he visto a mis padres pasar por este período de sus vidas. Podemos llamarlos «los años dorados» o «el otoño de la vida» si queremos, pero cuando se han pasado los setenta años que menciona la Biblia (Salmo 90:10), y las enfermedades que nos debilitan nos impiden hacer cosas que siempre nos trajeron gozo, a veces no parece siquiera que el sol brilla cada día. El dolor, la debilidad, la falta de memoria, la vista que ya no nos ayuda, la pérdida del apetito, todos estos síntomas no son fáciles de sobrellevar. Al llegar a la ancianidad, uno ve cómo van yéndose los hermanos y hermanas, los amigos... hasta que también nuestro cónyuge se va. Una de las amigas más queridas de mi madre dijo una vez: «Sabes, es mejor que no nos quedemos aquí demasiado tiempo porque si no, ¡no habrá nadie que venga a nuestro funeral!»

¡Qué bueno es que Dios no nos utiliza solo cuando somos productivos para dejarnos de lado y olvidarnos después! Somos iguales de valiosos para Dios cuando ya llegamos a un punto en que no podemos hacer las mismas cosas que hacíamos para Él en nuestra juventud. Nuestro valor a sus ojos no disminuye con la edad. Las Escrituras dicen que en el cuerpo de Cristo, conformado por todos los creyentes, «los miembros del cuerpo que parecen más débiles, son los más necesarios» (1 Corintios 12:22).

El versículo favorito de mi padre con relación a esos años era:

Y hasta la vejez yo mismo, y hasta las canas os soportaré yo; yo hice, yo llevaré, yo soportaré y guardaré.
Isaías 46:4

Encontraba gran consuelo en estas promesas. Jamás llegará un momento en que Dios no esté allí para ti. Cuando Dios dice: «No te desampararé, ni te dejaré» (Hebreos 13:5), quiere decir justamente esto: ¡Nunca te abandonaré!

Cuando Jesús se reunió con sus discípulos para su última cena juntos antes de su muerte, Juan dice que «como había amado a los suyos que estaban en el mundo, los amó hasta el fin». (Juan 13:1). Él te amará a ti hasta el fin también. Como dice Isaías: Él te «soportará», te «llevará» y te «guardará».

¡Esa es una promesa!

Juntos otra vez...
para siempre

«Ojalá pudiéramos vivir todos en la misma casa», decía mi nieto William cuando se preparaba para partir de nuestra casa a la suya. «¿Por qué no podemos vivir todos juntos?» Para él ese habría sido el mejor arreglo: toda su familia, con sus abuelos, tíos y tías, y todos los primos, viviendo juntos en una misma casa.

William, te has adelantado un poco a los tiempos. ¡Un día haremos exactamente eso! Un día ya no tendremos que decir adiós. Porque todos nos mudaremos juntos a la gran casa de Dios por los siglos de los siglos.

Son tan duras las despedidas, especialmente cuando hay que despedirse de alguien que amamos mucho y que está por dejar esta vida para entrar en el mundo eterno. Uno ama mucho a esta persona. Lo último que quiere es separarse de ella. Incluso cuando uno es creyente y sabe que volverá a verla en el cielo, sufre a causa de la separación y la pérdida.

Justo por esa razón es que Pablo quiso asegurarse de que entendiéramos qué sucede con quienes mueren habiendo puesto su fe en Cristo. «Tampoco queremos, hermanos, que ignoréis acerca de los que duermen, para que no os entristezcáis como los otros que no tienen esperanza», escribió.

Luego explica cómo funciona esto: «Porque si creemos que Jesús murió y resucitó, así también traerá Dios con Jesús a los que durmieron en Él». Y añade que un día: «El Señor mismo con voz de mando, con voz de arcángel, y con trompeta de Dios, descenderá del cielo; y los muertos en Cristo resucitarán primero». Sí, sus cuerpos renovados literalmente se levantarán de las tumbas —sin los estragos de la vejez y la enfermedad— y se unirán otra vez con sus almas. Entonces, aquellos de nosotros que todavía estemos vivos cuando Jesús vuelva «seremos arrebatados juntamente con ellos en las nubes para recibir al Señor en el aire».

¿Has notado la palabra «juntamente»? ¡Me gusta tanto! Durante nuestra vida, sentimos que se nos encoge el corazón cada vez que tenemos que despedirnos de nuestros seres amados: nuestros abuelos, luego los padres, nuestro cónyuge y nuestros queridos amigos, a medida que la muerte los reclama. Odiamos la muerte, pero no podemos evitarla. ¡Queremos permanecer juntos! Pero no podemos.

Sin embargo, la más grande reunión familiar que jamás existió se acerca. Es exactamente lo que Dios ha planificado para nosotros. Volveremos a estar juntos otra vez, esta vez junto al Señor también. «Y así estaremos siempre con el Señor». Sí, juntos, por siempre. ¡Así que como dice Pedro: «Por tanto, alentaos los unos a los otros con estas palabras» (1 Tesalonicenses 4:13–14, 16–18)!

Cuando estás bajo
presión

DIOS Y MI LISTA DE
COSAS POR HACER

¿Qué has escrito hoy en tu lista de cosas por hacer? ¿Lograrás hacerlas todas? ¿Se sentirá decepcionado Dios si no lo haces?

Muchos opinamos que Dios se siente desilusionado con respecto a nosotros si no logramos todo lo que queremos. De algún modo pensamos que si lográramos hacerlo todo, tendríamos su sonrisa de aprobación. Nos sentimos culpables cuando al cabo de unos días ni siquiera hemos tachado una de las cosas en la lista, porque el día no salió como lo esperábamos. Y creemos que Dios ha de sentirse desilusionado también.

Pero Jesús no vino a la tierra para ayudarnos a hacer más cosas. Vino para hacer posible a través de su vida, muerte y resurrección que tuviéramos una relación personal con Dios. No vino para que obtuviéramos un «seguro contra incendios» y que así no vayamos al infierno, sino para que día a día caminemos y hablemos con Dios, juntos.

Me gusta esa frase utilizada en 2 Corintios 13:14: «La comunión del Espíritu Santo». El Espíritu Santo vive en nosotros y esto significa que podemos tener comunión con Él a través de su espíritu. Esto significa que podemos sentir su presencia justo donde estamos, en medio de nuestras circunstancias.

No es suficiente organizar tu vida para lograr hacer primero lo más importante... a menos que lo primero en tu lista sea tu relación con Dios. No es suficiente aprender a hacer amigos e influir en las personas, aunque esto sea bueno, a menos que el Amigo Número Uno en tu vida sea Jesús. No es suficiente aprender a pensar positivo a menos que tus pensamientos a lo largo del día se centren en Dios.

El amor de Dios no aumenta ni disminuye según tu éxito o fracaso con relación a las cosas de tu lista. En cambio, el Señor quiere una relación contigo en la que cada parte de tu vida esté entregada a Él;

quiere que tu primera preocupación sea cómo lograr una comunión con Él a un nivel más cercano, más cálido y personal, sin que importe cuán eficiente y organizada —o ineficiente y caótica— sea tu vida.

Cuando tienes este tipo de relación, puedes confiar tu lista de cosas para hacer a Dios. Él sabe mejor que tú qué es lo que de veras necesitas lograr.

La espera

El salmista nos urge:

> *Aguarda a Jehová;*
> *Esfuérzate, y aliéntese tu corazón;*
> *Sí, espera a Jehová.*
> SALMO 27:14

Una y otra vez la Biblia repite estas palabras: «Espera al Señor». Espera a que Dios actúe. Espera a que Él haga lo que nadie más puede hacer en tu situación. Este tipo de espera no significa tamborilear con los dedos sobre la mesa, mientras acusas a Dios de ser lento. En cambio significa que te llenes de valor —y fuerzas— porque en todo ese tiempo de espera, en lo profundo de tu corazón de veras cree que Él actuará a tiempo.

«Dios casi nunca llega temprano, pero jamás llega tarde», dice mi esposo. En realidad, probablemente esculpan esto en su lápida algún día, no solo porque lo dice, sino porque lo vive. Sí, el Dios que inventó el tiempo responderá antes de que sea demasiado tarde.

El evangelista Dwight L. Moody tenía un hermano que no creía en Dios. Durante cuarenta años Moody oró porque su hermano se volviera al Señor. Sin embargo, jamás pudo ver esto hecho realidad, porque Dwight L. Moody murió esperando que su hermano viniera a Cristo. Lo que él nunca supo en la tierra, sin embargo, fue que luego de su muerte su hermano sí llegó al conocimiento salvador de Cristo. Dios sí respondió a las oraciones de Moody. El Dios que dijo: «Espera a Jehová», fue fiel en su respuesta.

Las circunstancias de tu vida pueden parecer un ovillo enredado, en lugar de un bello tapiz. Pon a Dios al mando y espera a que Él actúe. Nada es imposible con Él.

Hannah Whitall Smith escribió: «No es difícil... encomendar y confiar la administración del universo y toda la creación externa al Señor. ¿Puede ser tu caso mucho más complejo y difícil como para que necesites preocuparte e inquietarte por cómo te administra a ti?»

Sí, Dios quiere administrar tu vida. Piensa en esto la próxima vez que mires el cielo por la noche y veas los cuerpos celestiales que Dios mantiene en su precisa órbita. Piensa en esto cuando veas el canal Discovery en la televisión y te maravilles ante lo intrincado del ciclo de la vida que Dios mantiene en esta tierra.

Si Dios puede administrar el universo con tal habilidad y cuidado, sospecho que puede también con las presiones y desafíos de tu vida.

QUÉDATE QUIETA

«Correteos, apuro y barullo son términos que describen perfectamente las actividades modernas; sin embargo "esperar", "permanecer quietos" y "sentarse" tienen un lugar de prominencia en las Escrituras». Esta observación es de Arthur W. Pink, un maestro de la Biblia de una generación pasada. Si lo que dice era verdad en su época, ¿cuánto más lo es en este siglo veintiuno en el que juzgamos al final del día cuánto valemos por la cantidad de cosas logradas en nuestra lista de asuntos pendientes?

«Estad quietos y conoced que yo soy Dios», dice el salmo 46:10. El solo leer estas palabras me hace detener para inspirar profundamente. ¿Qué pasaría si me detuviera un poco más y en realidad dejara que ese pensamiento penetrara en mi vida? ¿Cambiaría mi perspectiva?

Me cuesta mucho encontrar espacio en mi vida para «estar quieta». Sin embargo, no estoy sola. Amy Carmichael escribió: «Creo que no hay mandamiento más difícil de obedecer en toda la Biblia, con tanto poder de penetración, que el mandamiento de «estar quietos».[7] ¡Y ella también vivió en una generación pasada! ¡Creo que hoy diría lo mismo, pero en mayúsculas!

En la actualidad utilizamos la Internet en lugar de ir a la biblioteca, nos comunicamos por correo electrónico en lugar de escribir cartas, utilizamos teléfonos celulares para mantenernos conectados con los demás, hacemos pedidos por teléfono al almacén y compramos regalos de Navidad por computadora. Como dijo alguien, ¡hoy limpiar después de una cena implica recoger los envases de comida rápida para dejar limpio el auto! A pesar de todas las cosas que en nuestros días nos ahorran tiempo, la vida parece ser cada vez más y más acelerada. En esta época, más que nunca antes, necesitamos estar quietos.

«Estar quietos» significa «dejar de esforzarse», «relajarse», «soltar». ¿Soltar? Da miedo eso. Porque necesito toda mi concentración para mantener mi vida en orden. Sin embargo, eso es lo que dice el versículo. *Soltar*.

Pero no solo dice eso. No se trata justo de «soltar» las cosas a las que me aferro, sino que también dice: «conoced que yo soy Dios». Esto significa que necesito conocer que Dios es lo suficientemente grande como para satisfacer cualquier necesidad mía. Y que Él me ama de veras, no importa qué suceda.

Jesús envió a los apóstoles a viajar ministrando. Cuando volvieron, compartieron con ansias con Él cómo Dios los había usado para ministrar.

Él les dijo: Venid vosotros aparte a un lugar desierto, y descansad un poco. Porque eran muchos los que iban y venían, de manera que ni aun tenían tiempo para comer.
MARCOS 6:31

Yo también necesito ese recordatorio. Para mí, estar quieta es una de las cosas más difíciles en la vida. Trabajaré para Dios, le daré, organizaré y enseñaré para Él, haré todo lo que sea, menos estar quieta y tener un tiempo de comunión profunda e íntima, lo cual es justamente lo que quiere su corazón. Dios quiere que tengamos intimidad con Él. Quiere que dediquemos un tiempo para mirar en lo profundo de su corazón, y quiere hablarnos a lo más hondo del nuestro.

Si tan solo nos estamos quietas y le damos la oportunidad.

¡Buenos días!

George Mueller solía decir: «Lo primero que hago cada mañana es asegurarme de que mi corazón está feliz en Dios». Y si crees que George Mueller no tenía problemas que le dificultaran el ser feliz, ¡ten en mente que cada día tenía que alimentar a diez mil huérfanos que albergaba en los hogares que había fundado!

Cada vez que leo esta afirmación de Mueller me fascina. Mi primer pensamiento cada mañana no es sobre Dios, sino: «¿Qué tengo que hacer hoy?» O miro con un solo ojo el reloj y me pregunto: «¿Ya es hora de levantarme de veras?»

Una mañana, sin embargo, fue la excepción. Yo estaba quieta en la cama, y pensé de repente: *¿Qué es lo que sé sobre Dios hoy que sea cierto?*

Bueno, sabía muchas cosas ciertas acerca de Dios: que Él puede hacerlo todo, que nunca cambia, que me ama, que nunca me abandonará… Una vez empezada, la lista seguía y seguía casi interminablemente.

Y entonces, una idea me vino a la mente de pronto: *Aquí estoy, acostada, pensando en todo lo que tengo que hacer hoy y en especial en lo que no quiero hacer. Sin embargo, si cambio mi enfoque para ver cuán grande es Dios, mi lista de cosas por hacer se ve insignificante.*

¿Qué sabes *tú* hoy sobre Dios que sea cierto? Esta puede ser una buena pregunta para anotar en un papel que podrías pegar junto a tu cama, para verlo cada mañana durante una semana. *¿Qué es lo que sé de Dios hoy que sea cierto?* Si encuentras una respuesta diaria a esta pregunta, no creo que tengas problema alguno en seguir el ejemplo de George Mueller: Cada mañana lo primero que harás será asegurarte de que tu corazón está feliz en Dios. La grandeza del Señor inundará tu corazón.

¡Es que enfocarnos en Dios pone a la vida de nuevo en su perspectiva correcta!

NOCHES DE INSOMNIO

La Biblia nos dice que David sufría de insomnio. Puedo entenderlo, en especial cuando la tensión en mi vida está elevada. Es asombroso el modo en que despertamos a las dos de la mañana totalmente despabilados. Pareciera que nuestra mente trabaja horas extras en mitad de la noche. Pero en lugar de quedarse en cama dando vueltas a un lado y al otro, David oraba... buen uso para esas horas. En realidad, puede hacerse un interesante estudio sobre cómo pasaban las noches de insomnio los escritores de los salmos. Observa estos:

- Salmo 16:7: Aun en las noches me enseña mi conciencia.

- Salmo 22:2: Clamo … de noche, y no hay para mí reposo.
- Salmo 63:6: Cuando medite en ti en las vigilias de la noche.
- Salmo 77:6: Me acordaba de mis cánticos de noche.
- Salmo 119:148: Se anticiparon mis ojos a las vigilias de la noche, para meditar en tus mandatos.

Una noche David oró: «Hazme oír por la mañana tu misericordia, porque en ti he confiado; hazme saber el camino por donde ande, porque a ti he elevado mi alma» (Salmo 143:8). David debe haber tenido que tomar una decisión, porque dice: «Hazme saber el camino por donde ande». Y él fue a buscar sabiduría a la fuente adecuada: «Porque a ti he elevado mi alma». Recurrió a Dios, su Padre celestial, el que todo lo sabe.

Los problemas siempre parecen más fáciles de enfrentar por la mañana, ¿verdad? David sabía que el sol saldría al final. Pero no oró solo para que llegara pronto la mañana; oró para que en la mañana oyera la voz amorosa de Dios diciéndole qué hacer. David no debe haber confiado en su propio entendimiento en medio de la noche, porque a esa hora sabía que no tomaría una decisión acertada. Sé que mi propio entendimiento está bastante distorsionado a las dos de la madrugada. ¡En medio de la noche no puedo aplicar criterio alguno, ni para mis circunstancias ni para la voluntad de Dios!

En todo caso, David tenía la intención de seguir el consejo que Dios le diera, ya que en el versículo 12, termina con la frase: «Porque yo soy tu siervo». Estaba dispuesto a seguir los planes que Dios le indicara. Quizá fuera un siervo cansado, pero sería un siervo obediente.

¡Que encuentres la misma sensación de paz y resolución la próxima vez que despiertes en medio de la noche!

HACIENDO MÁS

Alguien escribió una vez: «¡Dios me ha puesto en la tierra para cumplir una cantidad de cosas, y ahora mismo estoy tan atrasado que jamás moriré!»

Esto nos hace sonreír, pero si eres de esas personas (¡como yo!) que siempre siente que podría estar haciendo más, detente solo un instante. ¿Es «más» siempre mejor?

Quizá estés pensando: *Si tan solo me organizara un poquito mejor, podría hacer también más (otra vez esa palabra) en mi vida. Podría lograr más.*

Cada año se gastan miles de dólares en seminarios que ayudan a las personas a hacer justamente eso: maximizar sus vidas. Estas clases suelen ser útiles. En realidad, sería difícil asistir y no encontrar consejos útiles que nos harían más eficientes.

No es de sorprender que muchos traslademos esa misma idea a nuestra vida espiritual. Vamos a retiros y reuniones. Compramos libros y cintas. Buscamos nuevos métodos de estudio de la Biblia y probamos nuevos diarios de oración. Todo esto, para maximizar nuestra vida cristiana. A veces ayuda, otras veces no. En ocasiones terminamos diciendo: «Son buenas ideas, pero no puedo con todo. Ya llegué al máximo».

Gail MacDonald escribe: «Hay una extraña especie de lógica que sugiere que la renovación y los recursos espirituales se encuentran al buscar de forma constante nuevas voces, al asistir a más reuniones, al escuchar música incesantemente, y al reunirnos para intercambiar opiniones a medio pensar. ¿Cuán a menudo caemos en la trampa de creer que Dios se siente más complacido cuando hemos maximizado nuestra información, nuestros horarios, nuestras relaciones?»[8]

Quizá a Dios no le importe si hacemos más o no. No veo dónde dice en las Escrituras que tendremos una recompensa mayor por haber hecho más. Dios no espera que seamos sabios con los recursos que Él nos ha dado, porque las recompensas vienen por la fidelidad, y no por la cantidad de tareas realizadas.

¿Qué es lo que Dios quiere *en realidad* de nosotros? Dale una mirada a este versículo: «¿Quién es aquel que se atreve a acercarse a mí?», pregunta Dios (Jeremías 30:21). Ese es el desafío... ¡simplemente acercarse a Dios!

Sí, tenemos batallas que pelear y horarios que cumplir. Pero si necesitamos «más», es de Dios. Su presencia es mucho más necesaria para nuestro bienestar que cualquier cantidad de técnicas de eficiencia o habilidades de organización.

Hoy, verifica tu relación de amor con el Señor. Dios quiere que estemos cerca de su corazón... ¡hagamos «más» o no!

*Cuando estás
deprimida o
preocupada*

LO QUE HAY EN TU CORAZÓN

¿Has notado que cuando oramos tenemos la tendencia de decirle solo cosas lindas a Dios? Solemos orar cosas agradables, placenteras, que congenien con Dios... pero luego al hablar con la gente, nos quejamos o murmuramos. Lo noto cuando mis nietos oran antes de comer. Quizá hayan estado peleando como perros y gatos antes de sentarnos a la mesa. Pero luego, cuando damos las gracias y cierran los ojos, hablan con Dios con las voces más dulces y angelicales que pueden lograr, por lo general, en tono mucho más fino que sus voces normales.

¿Somos tan diferentes los adultos? Si tan solo vertiéramos ante Él lo que hay en nuestros corazones con total sinceridad, hasta que no haya nada —circunstancia,

126

emoción— que no le hayamos dicho, estaríamos mucho más cerca de lo que Dios pretende que sea nuestra oración. En lugar de llevar todas nuestras cargas —o endilgárselas a otros— aprenderíamos lo que significa refugiarse en Dios.

«Derramad delante de Él vuestro corazón», dice David, «Dios es nuestro refugio» (Salmo 62:8). Confiar en Dios en todo momento no significa que debo «tragarme» las circunstancias cuando son malas. Por el contrario, confiar significa que reconozco que Él es Aquel a quien puedo y debo mostrarle todo lo que hay en mi corazón, libre y francamente. La confianza verdadera es sincera, no estoica. La fe real cree que Dios es lo suficientemente grande como para enfrentar todo lo que le diga.

Esto no significa que debo culpar a Dios por todo lo que no sale como quiero. Y no significa que debo quejarme ante Él de continuo, sin reconocer las grandes bendiciones que ha derramado sobre mí. Pero sí significa que puedo ser completamente sincera con Dios. Después de todo, Él sabe lo que estoy pensando.

«Derrama como agua tu corazón ante la presencia del Señor», dice Lamentaciones 2:19. Gracias a Dios por los consejeros que nos escuchan cuando necesitamos hablar con alguien sobre nuestros problemas. Pero siento que pasamos muchas horas en los consultorios de estos consejeros y no de rodillas ante Dios, porque no hemos aprendido a derramar ante Él lo que hay en nuestros corazones.

A veces hasta puede ser necesaria una libreta de notas en el momento de la oración para poder ir escribiendo exactamente lo que sentimos. He encontrado que me es muy útil cuando he estado «almacenando» sentimientos en un rincón de mi mente, en lugar de mostrarlos ante el Señor.

Dios escuchará cuando derramemos nuestros corazones en su presencia. ¿Por qué no lo hacemos más a menudo? Probablemente porque no queremos admitir algunos de los pensamientos y sentimientos que yacen ocultos en los oscuros escondrijos de nuestros corazones. Job dijo: «¡Cuán dolorosas son las palabras sinceras!» (Job 6:25, LBLA). Derramar nuestros corazones ante Dios es justamente lo que necesitamos, porque Dios desea «la verdad en lo íntimo» (Salmo 51:6).

¿Te sientes deprimida o preocupada hoy? Vierte tu corazón delante de Dios con toda libertad, porque Él es tu refugio, tu santuario, tu lugar seguro.

¡DIOS ESCUCHA!

¿Alguna vez has ido a una fiesta un día en que tenías en mente un grave problema? Intentaste ser sociable, conversando de manera amigable. Pero todo el tiempo tu corazón estaba sufriendo. La gente con la que conversabas parecía tener su vida bajo control. Parecían no tener preocupaciones o problemas... al menos, no viste que los tuvieran.

Quizá comenzaste a compartir tu corazón un poquito con alguien, pero esa persona rápidamente cambió de tema antes de que pudieras decirle qué es lo que te estaba molestando. Quería hablar sobre sí misma y sus intereses. Así que cerraste la boca y fingiste que todo estaba bien. Aunque nunca lo habrías hecho, querías gritar: «¡Basta ya! Estoy sufriendo ¿Es que nadie me puede ayudar? ¿O es que a nadie le importa?»

Estabas rodeada de gente, pero te sentías sola porque a nadie le interesaba escucharte. Si fueras hombre, quizá podrías guardar el problema aun más profundamente, y actuar como si no existiera. Pero eres mujer, y es probable que hayas llorado hasta quedarte dormida esa noche.

¿Has pensado lo suficiente en la realidad de que lo que necesitas es exactamente lo que Dios hará por ti? El salmista escribió:

El deseo de los humildes oíste, oh Jehová;
Tú dispones su corazón, y
haces atento tu oído.
SALMO 10:17

¡Dios escucha! No interrumpe cuando quieres mostrarle lo que hay en tu corazón. No presta atención a medias porque tiene otras cosas en qué pensar. En realidad, tiene todo el tiempo de la eternidad para escucharte.

¡Y te alentará! Cuando derrames lo que hay en tu corazón ante Él, te dirá como le dijo a sus discípulos cuando estaba aquí en

la tierra: «¡Tened ánimo; yo soy, no temáis!»
(Mateo 14:27). Y Él no es solamente bueno para
escuchar y comprender. Puede que te sientas
mejor al haber exteriorizado tu pesar, pero Dios
no se detiene allí. Dice:

> *Porque yo Jehová soy tu Dios, quien*
> *te sostiene de tu mano derecha, y*
> *te dice: No temas, yo te ayudo.*
> ISAÍAS 41:13

¡Ayuda! ¡Eso es lo que necesitas!

Si inclinaras tu corazón en oración ante Él
ahora mismo, el Dios que te ama te escuchará, te
alentará, y te ayudará a encontrar una solución.
¡Él lo promete!

ECHAR Y LLEVAR

«E cha sobre Jehová tu carga y él te sustentará», dice el salmo 55:22.

Este versículo siempre me ha presentado un desafío. Creo que es porque siempre tomé muy en serio la responsabilidad. Quiero estar segura de que cumplo con mi parte. No cargo a los demás con mis tareas... así que para mí es fácil sentirme presionada por lo que tengo que hacer. Pero suelo cargar con mucho. ¿Por qué cargo con todo cuando Dios dice que he de echar sobre Él mis cargas?

Creo que hay una cantidad de razones:

- Pienso: *Este problema es responsabilidad mía.*
- Cuando me preocupo siento que al menos *estoy haciendo algo* al respecto.

- Creo que quizá puedo arreglarlo sola... y más rápido de lo que lo haría Dios.
- Realmente no creo que Él haga algo al respecto.
- Me asusta dejar de ocuparme del problema.

¿Te parece familiar alguna de esas razones? Sin embargo, un versículo de Hebreos dice:

No perdáis, pues, vuestra confianza,
que tiene grande galardón.
HEBREOS 10:35

Aquí Dios nos está diciendo: «No eches lejos tu confianza, sino tus preocupaciones, y échalas sobre mí». ¿No obstante, qué es lo que hacemos? Lo entendemos al revés, ¿verdad? ¡Descartamos nuestra *confianza* y llevamos sobre los hombros nuestras *preocupaciones*!

Juan Carlos Ortiz cuenta que una señora solía venir a verlo cada semana, pidiendo consejo. Pronto observó que la señora no progresaba. Un día le dijo: «Todas las semanas ha estado viniendo a contarme *sus* problemas.

Hoy se sentará ahí y escuchará *mis* problemas».
Y le habló de sus dificultades: conflictos en la
iglesia, personales, financieros.

Luego le preguntó: «Ahora, ¿cómo cree que
puedo resolver mis problemas?»

«Bueno», dijo la señora, «puede dárselos al
Señor».

«¡Exactamente!», exclamó él. «Es lo que
he estado tratando de lograr que *usted* hiciera.
¡Ahora, salga de aquí y haga eso mismo!»

Puedo sentirme identificada con eso. A veces
necesito que me digan que estoy cargándome
con demasiadas responsabilidades, más de las
que Dios tiene intención de darme. Él sabe
que no soy lo suficientemente fuerte como para
cargar mis preocupaciones y cumplir al mismo
tiempo con mis tareas. Sabe que me desalentaré
y querré abandonar. Así que me da la solución:

Mi parte: Echar sobre Él mis preocupaciones.
Su parte: Él me sostendrá.

A veces creo que necesito que me digan esas
mismas palabras: «¡Ahora, salga de aquí y haga
eso mismo!»

El juicio de Dios

En ocasiones, cuando las preocupaciones y el dolor nos agobian, somos rápidos para juzgar lo que Dios hace en nuestras vidas. Vemos las circunstancias y luego decidimos si lo que Él está haciendo está «bien» según nuestra opinión. Es realmente presuntuoso hacerlo, pero lo hacemos de todas formas.

¿Y de dónde sacamos los parámetros para juzgar lo que está bien o mal? En realidad, provienen de Dios mismo. No tendríamos concepto del bien y el mal si no fuera porque Dios siempre hace lo que está bien. En realidad, fue Dios quien escribió la definición de «bien» (o rectitud), porque esa es una de sus características. Por lo tanto, siendo hechos a su imagen, tenemos algún entendimiento de lo que está «bien» aun cuando nosotros no podamos siempre hacer lo que está correcto, ¿verdad?

Abraham, conocido por su fe, creía que Dios siempre hacía lo que estaba bien, tanto si entendía o no lo que Él estuviera haciendo. Cuando Abraham rogó a Dios que no matara a sus parientes en Sodoma, junto con los pervertidos residentes de esa ciudad, él le dijo a Dios: «El Juez de toda la tierra, ¿no ha de hacer lo que es justo?» (Génesis 18:25). Es obvio que la respuesta a esa pregunta es: «Sí», porque Dios es absolutamente justo. No hay parcialidad en Dios: «Porque con Jehová nuestro Dios no hay injusticia, ni acepción de personas, ni admisión de cohecho» (2 Crónicas 19:7).

La garantía de que Dios hará lo justo me alienta, ya que veo mucha injusticia en el mundo. Veo mucho mal que no entiendo y que no puedo cambiar. Pero puedo entregar a Dios lo que no entiendo, sabiendo que el Juez de toda la tierra *hará lo justo* porque es su naturaleza.

¿Se aplica este mismo principio a los incidentes de tu vida personal? ¿Hará Dios siempre lo que es justo para ti? Absolutamente, cuando te entregues a Él por completo.

Un hombre le dijo una vez a R. A. Torrey: «Señor, usted le entregó a Dios su negocio y prosperó; yo le entregué el mío y fracasó». Torrey respondió: «Si se lo entregó a Dios, ¿por qué entonces se preocupa por cómo le fue?»

Sí, si le entregas tu vida a Dios puedes confiar en que Él hará lo correcto, lo entiendas o no. En lugar de cargar con toda la responsabilidad, ahora es tarea de Dios.

Cuando la preocupación y la depresión intenten convencerte de lo contrario, pregúntate: «¿El Juez de toda la tierra, ¿no ha de hacer lo que es justo?»

LAS DIMENSIONES DEL AMOR DE DIOS

Cuando estoy en medio de una dificultad a veces siento que Dios no me ama. Eso sucede porque mi perspectiva está totalmente distorsionada. Las circunstancias están tan cerca de mí que parecen erigirse como torres que hacen sombra sobre el amor de Dios y bloquean la visión. Pero esto no cambia la realidad de que el amor de Dios me rodea en abundancia. Va mucho más allá de mí. Trasciende el tiempo pasado y el tiempo por venir.

Misericordioso y clemente es Jehová; Lento para la ira, y grande en misericordia. . . Porque como la altura de los cielos sobre la tierra, Engrandeció su misericordia sobre los que le temen... Mas la misericordia

de Jehová es desde la eternidad y hasta
la eternidad sobre los que le temen.
SALMO 103:8, 11, 17

¡Mira las dimensiones del amor de Dios:
«como la altura de los cielos» y «desde la
eternidad y hasta la eternidad»!

Quien haya visto el monte Santa Elena
en Washington antes de 1980 podría haber
dicho que se veía imponente, inquebrantable.
Y sin embargo, el 18 de mayo de ese año,
desaparecieron en unos minutos los setecientos
metros más altos en su cima. El área de explosión
del volcán cubrió un área de más de trescientos
ochenta kilómetros cuadrados, enviando miles de
toneladas de cenizas hacia la atmósfera. Lo que
se veía tan inconmovible cambió para siempre.

Dios nos dice:

Porque los montes se moverán, y los
collados temblarán, pero no se apartará
de ti mi misericordia, ni el pacto de
mi paz se quebrantará, dijo Jehová,
el que tiene misericordia de ti.
ISAÍAS 54:10

Cada uno de los terremotos en nuestras vidas, cada uno de los volcanes que causan destrucción, son un recordatorio de que no hay nada en esta vida que sea eterno. ¡Pero el amor de Dios sí lo es! Sí, todo lo que se ve tan permanente en tu vida puede cambiar para siempre... pero el amor que Dios siente por ti no cambiará jamás.

Solemos juzgar el amor de Dios según lo que conocemos del amor humano. Cuando las personas que debieran amarnos nos abandonan o nos fallan, tememos que Dios pueda hacer lo mismo, en especial cuando sabemos que hay momentos en que no somos dignos de ser amados. Pero el amor de Dios no es como el amor humano. Su amor por nosotros jamás falla. Necesitamos aferrarnos a la verdad de la Palabra de Dios, a lo que Dios nos dice de su amor.

El apóstol Pablo oraba por los creyentes que pasaban por momentos difíciles: «Para que habite Cristo por la fe en vuestros corazones, a fin de que, arraigados y cimentados en amor, seáis plenamente capaces de comprender con todos los santos cuál sea la anchura, la longitud, la profundidad y la altura, y de conocer el amor de Cristo, que excede a todo conocimiento» (Efesios 3:17–19).

No estoy del todo segura de cómo podemos conocer algo que sobrepasa todo conocimiento, aunque pienso que Pablo quería decir que no importa cuánto intentemos escudriñar el amor de Dios, jamás llegaremos a verle el principio ni el fin. Podemos investigarlo, sumergirnos, explorar su alcance... pero jamás llegaremos a ver dónde comienza ni dónde termina.

Pablo escribió:

> *Por lo cual estoy seguro de que ni la muerte,*
> *ni la vida, ni ángeles, ni principados, ni*
> *potestades, ni lo presente, ni lo por venir,*
> *ni lo alto, ni lo profundo, ni ninguna otra*
> *cosa creada nos podrá separar del amor de*
> *Dios, que es en Cristo Jesús Señor nuestro.*
> ROMANOS 8:38–39

Por lo tanto, ¿qué significa esto en mi vida? Significa que puedo juzgar mis circunstancias según lo que sé que es cierto acerca de Dios, en lugar de juzgar a Dios según mis circunstancias. Significa que de veras puedo reposar en su amor por mí. Puedo cerrar mis ojos, recostarme y saber que aunque todo lo que tengo en la vida me falle, el amor de Dios siempre estará allí para sostenerme.

Aliento para
los desafíos duros
de la vida

Si perdonas

Creo que asusta leer:

> *Oísteis que fue dicho a los antiguos:*
> *No matarás; y cualquiera que matare*
> *será culpable de juicio. Pero yo os digo*
> *que cualquiera que se enoje contra*
> *su hermano, será culpable de juicio;*
> *y cualquiera que diga: Necio, a su*
> *hermano, será culpable ante el concilio;*
> *y cualquiera que le diga: Fatuo, quedará*
> *expuesto al infierno de fuego.*
> Mateo 5:21–22

¡Uy! Además, tenemos estos dos versículos que siguen al Padre Nuestro:

Porque si perdonáis a los hombres
sus ofensas, os perdonará también
a vosotros vuestro Padre celestial;
mas si no perdonáis a los hombres
sus ofensas, tampoco vuestro Padre
os perdonará vuestras ofensas.
MATEO 6:14–15

Y aun más, Jesús contó una parábola sobre un rey que tenía un sirviente que le debía mucho dinero. Cuando el rey exigió que le pagara, el sirviente cayó de rodillas ante él y le rogó que fuera paciente. En aquellos días se podía vender como esclavo al deudor y a toda su familia como pago de la deuda. El rey, sin embargo, escuchó el ruego del sirviente, canceló su gran deuda, y le dejó ir.

Poco después este mismo sirviente encontró a un compañero suyo que le debía un poco de dinero. Comenzó a estrangular al hombre, exigiendo que le pagara de inmediato. Como el otro no pudo pagar, el primer sirviente lo mandó a encerrar en prisión.

Cuando el rey oyó lo que había hecho el sirviente, se enfureció y lo llamó: «Siervo malvado, toda aquella deuda te perdoné, porque me rogaste. ¿No debías tú también tener misericordia de tu consiervo, como yo tuve misericordia de ti?» Enojado, el amo le entregó a los carceleros para que le torturaran hasta que pagara todo lo que debía. Luego, Jesús agregó estas palabras inquietantes: «Así también mi Padre celestial hará con vosotros si no perdonáis de todo corazón cada uno a su hermano sus ofensas» (Mateo 18:23–35).

«Perdónanos nuestras deudas, así como nosotros perdonamos a nuestros deudores», solemos orar casi sin pensar en lo que decimos. ¿Realmente queremos que Dios nos perdone en la misma medida en que perdonamos a quienes nos causan dolor? Quizá la próxima vez debamos detenernos justo ahí, en medio de esa oración, y hacer las paces con quien nos ofendió.

AMOR

¡Qué maravillosa huella deja el amor en nuestro mundo! Y todo comenzó con Dios. Él es la raíz de la que brota todo amor. Juan dice:

> *En esto consiste el amor: no en que*
> *nosotros hayamos amado a Dios, sino en*
> *que él nos amó a nosotros, y envió a su*
> *Hijo en propiciación por nuestros pecados.*
> 1 JUAN 4:10

Por supuesto, todos nos damos cuenta de que el amor de Dios es mucho más grande que todo amor que conozcamos aquí en la tierra. Observa, sin embargo, la comparación que Jesús utiliza para mostrarnos cuán grande es su amor por nosotros. Siempre me asombra:

«Como el Padre me ha amado, así también yo os he amado» (Juan 15:9). ¡Apenas puedo concebir la idea de que Jesús me ama como Dios el Padre le ama a Él! Sin embargo, esto es verdad, porque Jesús lo dijo.

No obstante, Él va todavía un paso más allá, pidiéndome que aplique la misma medida a mi amor. Jesús dijo:

> *Este es mi mandamiento: Que os améis unos a otros, como yo os he amado.*
> JUAN 15:12

Ahora, ¡eso sí que es difícil! Pregúntale a Elizabeth Charles. Nació a principios del siglo diecinueve, y sin embargo encuentro que lo que escribió sigue siendo verdad en este siglo.

> *Hace falta más del amor de Cristo para amar a nuestros primos y vecinos como miembros de la familia celestial, que para amar a nuestros hermanos que sufren en Toscana o Madeira [lugares distantes para la autora]. Amar a la Iglesia como un todo es una cosa; amar —es decir,*

deleitarse en las virtudes echando un velo sobre los defectos— a la persona que no me comprendió y que ayer se opuso a mis planes, a aquella cuyos defectos me molestan en lo más profundo, o cuyas fallas naturales son precisamente lo que más rechaza mi carácter, eso es otra cosa diferente por completo.[9]

Sí, Elizabeth, es difícil amar al que me irrita. Sin embargo, eso es amar con el amor de Dios.

En una ocasión, supe que tenía que pasar un tiempo con gente que se sentía incómoda conmigo, y esto me inspiraba mucho temor. Sin embargo, no podía evitarlo. De repente, me pareció que Dios dejó caer un sentimiento dentro de mi corazón, algo que me hizo cambiar de actitud: «Solo porque ellos no te amen, no has de creer que no puedes amarlos». Me estaba diciendo: «¡Nada de lo que hagan puede impedir que los ames!»

Dentro de mí, reí. «Es cierto. Nada de lo que hagan puede impedirme amarlos». En realidad, cuando vi a esta gente, me sentí bien saludándoles con una sonrisa. Era libre de amarles, aunque ellos no me amaran a mí. «El amor de Cristo nos obliga», dice Pablo

(2 Corintios, NVI). ¿Qué nos obliga a hacer hoy su amor? ¿Qué tal sería mostrarle a Dios que le amas haciendo algo fuera de lo común por alguien que necesita aliento, inclusive si es alguien que no te gusta? Eso es amar como te amó Jesús.

PRIMERO, HAZ LAS PACES

Adorar a Dios es una cosa muy importante que nada debiera interrumpir, ¿verdad? Ni el teléfono, ni el timbre de la puerta, nada. Sin embargo, la Biblia dice:

> *Por lo tanto, si estás presentando tu ofrenda en el altar y allí recuerdas que tu hermano tiene algo contra ti, deja tu ofrenda allí delante del altar. Ve primero y reconcíliate con tu hermano; luego vuelve y presenta tu ofrenda.*
> MATEO 5:23–24

Acabas de empezar tu oración al Señor: «Querido Padre, gracias por tu grandeza. Te amo tanto. Te adoro…»

«Un momento», dice Dios. «Detente aquí mismo. Tenemos un problema». Y entonces Él te habla al corazón sobre esa molesta persona con la que discutiste ayer. «Primero, ve y haz las paces con ella», dice Dios, «y luego vuelve y hablaremos». Así de importante es para Dios que nuestras relaciones sean buenas. Ahora, he visto mucha gente que sale de un servicio en la iglesia por diversos motivos. Aunque, por lo que recuerdo, nunca vi que nadie saliera en medio del servicio de adoración para ir a hacer las paces con alguien con quien estuviera enojado. Sin embargo, cuando uno piensa en lo mucho que le costó a Dios lograr una buena relación entre Él y nosotros, logramos ver las cosas desde su perspectiva. La cruz es un permanente recordatorio. Si Dios estuvo dispuesto a ir a tal extremo para poder restaurar nuestra relación con Él, ¿ha de extrañarnos o sorprendernos que espere que nuestras relaciones con otros seres humanos sean buenas?

Estoy segura de que estarás de acuerdo con la lógica. El problema está en ser obedientes. La mayoría de nosotros haría cualquier cosa menos ir a hacer las paces. Restaurar nuestra relación con alguien es muy difícil. Preferiríamos mandar un emisario, o un regalo, o pedirle a un amigo mutuo que le hablara a la persona en representación de nosotros. Sí, es posible que necesitemos una lección para aprender a decir «la verdad en amor» (Efesios 4:15).

No obstante, Dios no dice que esperemos hasta que nos sintamos cómodos para hacer esto. Dice: «Hazlo, aun antes de orar o adorarme». Así que, la próxima vez que estés en la iglesia —o de rodillas— y recuerdes que alguien está enojado contigo a causa de un problema irresuelto, «primero ve y reconcíliate», dice Jesús. «Luego vuelve y habla conmigo».

Dios no nos da el lujo de la hostilidad. Si no estás de acuerdo, intenta explicarle a Dios tus motivos.

PROTESTA Y QUEJA

Es evidente que a Dios le parece mucho más grave el pecado de la protesta y la queja de lo que me lo parece a mí. ¿Sabías que las puso en la misma categoría que la idolatría y la inmoralidad sexual (1 Corintios 10)? ¡Eso sí me llama la atención!

Ya casi no le llamamos «queja» o «protesta», aunque lo hacemos continuamente. Por curiosidad miré en el diccionario: «Expresar impetuosamente su disconformidad» (RAE). Y busqué los sinónimos: «Negar, rezongar, oponerse, discutir, contestar, refutar, rechazar». Ahora, ¡con esto sí me puedo identificar!

Las circunstancias mencionadas en 1 Corintios eran estas: los hijos de Israel estaban de camino desde Egipto a la tierra que Dios les había prometido. Pero en este viaje las cosas no eran lo que esperaban... ¡y ellos no dudaban en asegurarse de que Moisés, su líder, supiera exactamente cómo se sentían! Por supuesto, tenían una «actitud», y como resultado la mayoría murió en el desierto porque no creyeron ni obedecieron a Dios. El escritor, Pablo, dice: «Mas estas cosas sucedieron como ejemplos para nosotros, para que no codiciemos cosas malas, como ellos codiciaron». ¿Cuáles eran estas «cosas malas»? Pablo menciona cuatro:

- idolatría
- inmoralidad sexual
- poner a prueba al Señor
- *¡Protestar y quejarse!*

¿Protestar y quejarse? Yo no habría puesto esto en la misma lista que las otras tres cosas. Pero Dios sí lo hace.

Entre otras cosas, el pueblo de Dios se quejaba y protestaba por:

- La falta de pan y carne (Éxodo 16).
- La falta de agua (Éxodo 17:2–3).
- La dificultad de lo que Dios les pedía que hicieran (Números 14:27–30).

- Los líderes que Dios les daba (Números 16).

Pablo dice:

> *Ni murmuréis, como algunos de ellos*
> *murmuraron, y perecieron por el destructor.*
> *Y estas cosas les acontecieron como ejemplo,*
> *y están escritas para amonestarnos a*
> *nosotros, a quienes han alcanzado los*
> *fines de los siglos. Así que, el que piensa*
> *estar firme, mire que no caiga.*
> 1 CORINTIOS 10:10–12

Bueno, está claro entonces: esto es un ejemplo y una advertencia para que no protestemos ni nos quejemos. Me alegra que el siguiente versículo nos dé seguridad. Dios me ayudará la próxima vez que sienta ganas de protestar y quejarme, porque Él dice: «No os ha sobrevenido ninguna tentación que no sea humana; pero fiel es Dios, que no os dejará ser tentados más de lo que podéis resistir, sino que dará también juntamente con la tentación la salida, para que podáis soportar» (versículo 13).

¡Gracias, Señor! ¡Seguro que necesitaré esa promesa!

AVISO CLASIFICADO

No somos muchos los que presentamos nuestro currículum ante el Señor para obtener el puesto de «siervos».

En realidad, no me importa ser sierva mientras pueda elegir el momento en que no estoy demasiado cansada, además quiero poder elegir qué *tipo de servicio* voy a brindar, y poner la condición de mi horario según me convenga, asimismo me gustaría servir a la gente que me aprecie y me agradezca, ¡no a los que me critiquen!

En serio, ¿has observado que el servicio es uno de los dones del Espíritu? aunque debo agregar que no es uno de los que gozan de mayor popularidad. El libro de Romanos dice:

Tenemos dones diferentes, según la gracia
que se nos ha dado. Si el don de alguien es
el de ... prestar un servicio, que lo preste.
ROMANOS 12:6–7, NVI

Aunque se nos dice «procurad los dones espirituales» (1 Corintios 14:1), jamás he conocido personalmente a alguien que orara porque Dios le diera el don de servir. Y sin embargo, todo don espiritual es en realidad don de servicio, porque Pedro dice:

Cada uno según el don que ha
recibido, minístrelo a los otros,
como buenos administradores de
la multiforme gracia de Dios.
1 PEDRO 4:10

Jesús dijo que quien quiera llegar a ser grande debe ser siervo «como el Hijo del Hombre no vino para ser servido, sino para servir, y para dar su vida en rescate por muchos» (Mateo 20:28). Una cosa sí es segura: nunca podemos decir que Jesús nos pide que hagamos algo que Él no esté dispuesto a hacer. El Señor pasó toda su vida sirviendo a los demás. Podríamos enumerar varios ejemplos, pero el que siempre salta a mi mente es el momento en el que lavó los pies de los discípulos —una tarea sucia, mundana, desagradable— poco antes de su crucifixión. ¡Qué ejemplo!

¿Qué pasaría en este mundo si todos comenzáramos sinceramente a servirnos los unos a los otros? Oiríamos más frases como: «¿Qué puedo hacer para ayudar?», «No, no te levantes, deja que yo lo busque por ti», «Estás cansada, recuéstate y deja que yo limpie todo esto».

Unos amigos nuestros decidieron que en la familia, comenzando por el papá y hasta el hijo menor, comenzarían a servirse los unos a los otros. A veces era gracioso porque tropezaban entre sí intentando ayudarse. Pero diría que la atmósfera del hogar cambió con esa actitud.

En esta «Generación del Yo» los puestos de «siervos» están quedando vacíos. ¿Quieres postularte? ¡Qué diferencia habría en nuestro cansado mundo si tan solo hiciéramos lo que nos indica este versículo: «Servíos por amor los unos a los otros» (Gálatas 5:13)!

¿QUÉ ME PONDRÉ HOY?

Cada mañana voy al ropero y decido qué me pondré ese día. Es una de las primeras decisiones del día. ¿Vaqueros o un vestido? ¿Negro o marrón? ¿Algodón, lana o microfibra? Si tienes hijos pequeños, eliges la ropa que se pondrán, aun sabiendo que probablemente dirán: «¡No, no quiero ponerme *eso*!» Cuando una de nuestras hijas estaba en la escuela secundaria, ¡solía llevar un diario de lo que se ponía cada día para no repetir demasiado seguido! Solía preguntarme si sus amigas recordarían lo que llevaba puesto si ni siquiera ella podía recordarlo.

¿Sabías que Dios tiene un ropero y que podemos elegir lo que nos pondremos?

Vestíos, pues, como escogidos de Dios…
COLOSENSES 3:12

Pablo a continuación enumera cinco opciones de ropa: «de entrañable misericordia, de benignidad, de humildad, de mansedumbre, de paciencia».

«No creo que hoy quiera vestirme de paciencia... ¡al menos no hasta tener la oportunidad de decirle a mi esposo lo que pienso acerca de lo que me dijo ayer!» ¿De humildad? No. Soy demasiado grande como para que me sirva la humildad ahora. La benignidad tampoco me queda bien. ¿Mansedumbre? ¡Ojalá mis hijos se vistieran así! Siempre están discutiendo sobre qué le toca a cada cual.

El hecho de que Pablo diga que podemos «vestirnos» con estas cualidades ha de significar que podemos elegir. Tengo que tener en cuenta si estas cualidades son evidentes o no en mi vida. Esto significa que es importante que por la mañana me levante con tiempo para «vestirme» espiritualmente, eligiendo del ropero de Dios antes de comenzar el día.

Sin embargo, no siempre las prendas individuales conforman un conjunto de vestuario. A menudo hace falta una prenda especial que dé forma a todo. El versículo 14 nos dice cuál es esa prenda en el ropero de Dios:

> *Y sobre todas estas cosas vestíos de*
> *amor, que es el vínculo perfecto.*
> Colosenses 3:14

El amor es la prenda que coordina y que conforma el conjunto en su totalidad. El amor hace que me vea «agradable a la vista».

¿No seríamos todas mucho más atractivas si nos vistiéramos con las prendas del ropero de Dios?

CAMINOS LLANOS
PARA TUS PIES

Me ha fascinado siempre esa frasecita de la Biblia: «Haced sendas derechas para vuestros pies» (Hebreos 12:13). En este capítulo de Hebreos se compara la vida cristiana con correr una carrera por una pista ya predeterminada. ¿Cómo puedo hacer que el sendero sea llano y derecho?

Lo allano cuando hago todo lo posible para que las circunstancias me presenten un sendero recto, fácil de recorrer, y en donde me sea casi imposible equivocar el camino. Lo hice hace poco. Puesto que tenía problemas cardíacos, mi esposo decidió dejar de comer alimentos con contenido graso, y yo decidí hacer lo mismo. Pensé en la frase «hacer caminos derechos para tus pies» cuando quité

de la despensa las cosas que ya no comeríamos.
Las probabilidades de no comerlas eran mayores
de esta forma. De acuerdo, esto no es un ejemplo
demasiado «espiritual», pero el versículo me
ayudó de todos modos. También allano el
camino para mis pies cuando me aseguro de
que sea el camino correcto justo al empezar. El
rey David se metió en serios problemas cuando
equivocó el camino. No estaba donde debía estar.

*Aconteció al año siguiente, en el tiempo
que salen los reyes a la guerra, que David
envió a Joab, y con él a sus siervos y a todo
Israel ... pero David se quedó en Jerusalén.*
2 SAMUEL 11:1

Y tropezó en el camino que había elegido.
Sí, David tendría que haber estado allí con
sus hombres, y a causa de su mala elección,
nos enteramos en el versículo siguiente de que
se metió en problemas: «Y sucedió un día, al
caer la tarde, que se levantó David de su lecho
y se paseaba sobre el terrado de la casa real; y
vio desde el terrado a una mujer que se estaba
bañando, la cual era muy hermosa».

A partir de allí, todo fue cuesta abajo. David cometió adulterio con Betsabé, quien quedó encinta, y luego mandó a asesinar a su esposo para cubrir lo que había hecho. Nada de esto habría sucedido si David hubiera elegido el camino correcto desde el principio.

Supongamos que has elegido el camino correcto. ¿Qué más puedes hacer para hacer sendero derecho para tus pies? Ante todo, tener un mapa presente —la Palabra de Dios— del que puedas fácilmente leer y absorber la información. Mi amiga Marta mantenía dos Biblias abiertas en su casa. La del piso superior estaba abierta en el Antiguo Testamento, y la de la planta baja, en el Nuevo Testamento. Cada vez que pasaba, le resultaba fácil «echarle un vistazo» a unos versículos para meditar. Probablemente tengas varias Biblias. ¿Dónde las guardas? ¿Están a mano?

Puedes decidir de antemano cómo vas a vivir tu vida. Puedes decidir qué tipo de películas o programas de televisión verás, qué tipo de libros y revistas tendrás en casa... y qué tipo de pensamientos albergarás en tu mente. Simplificas tu vida en mucho si decides de antemano este tipo de cosas, trazando una línea y diciendo: «Viviré así, y está decidido».

Sí, puede haber pozos o lomas en el camino, pero con la ayuda de Dios «despojémonos de todo peso y del pecado que nos asedia, y corramos con paciencia la carrera que tenemos por delante» (Hebreos 12:1), por un sendero derecho y un camino llano.

Aliento para días comunes

Cómo ser perfecta...
Bueno, casi

¿Conoces a alguien que en verdad viva según la voluntad de Dios? Creo que puedo decirte algo acerca de esta persona sin siquiera conocerla: es probable que tenga la capacidad de decir lo justo en el momento indicado. No quiero decir que esta persona sea «perfecta», sino que sin duda sabe cuándo callar y cuándo hablar. Sabe cómo bendecir a la gente con sus palabras. Eso es porque si la lengua está disciplinada, el resto de su vida será simplemente consecuencia de ello. Santiago nos dijo:

> *Porque todos ofendemos muchas veces.*
> *Si alguno no ofende en palabra, éste*
> *es varón perfecto, capaz también*
> *de refrenar todo el cuerpo.*
> Santiago 3:2

Para muchos de nosotros, esto significa cerrar la boca más a menudo. Después de todo, ¡en boca cerrada no entran moscas! Sin embargo, nadie dijo que fuera fácil hacerlo. Salomón señaló:

En las muchas palabras no falta pecado;
Mas el que refrena sus labios es prudente.
PROVERBIOS 10:19

Y Santiago agrega:

Si alguno se cree religioso entre vosotros,
y no refrena su lengua, sino que engaña
su corazón, la religión del tal es vana.
SANTIAGO 1:26

Si no hablamos, quizá eso quiere decir que estamos escuchando, ¡y escuchar es una de las cosas que más nos cuestan! Hace unos años decidí hacer un experimento. Me impuse una regla: «Durante una semana entera, cuando hable con las personas, no ofreceré consejos. Solo escucharé. Haré que la otra persona hable, pero mantendré la boca cerrada antes de decir lo que creo que deban hacer». ¡Si no crees que fue arduo, inténtalo! Me asombró cuán difícil me resultaba escuchar. Más revelador fue, sin embargo, sentir que tenía el impulso de agregar mi opinión. Y si mantener la boca cerrada hubiera implicado el uso de cinta adhesiva, ¡bueno… habría gastado muchos rollos!

Santiago nos da otro consejo:

> *Por esto, mis amados hermanos, todo hombre sea pronto para oír, tardo para hablar, tardo para airarse.*
> SANTIAGO 1:19

¡Cuántas veces decimos algo hiriente motivados por el enojo! Que el enojo sea una bandera roja… una advertencia que nos haga someternos al control del Espíritu.

No decidimos simplemente ser «de Dios». Esto describe a una persona que con sinceridad sigue a Jesús tan de cerca que termina siendo parecida a Él. Uno puede estar seguro de que cuando se encuentra con ella, su lengua traerá bendición y sus palabras nos llevarán hacia el Señor.

SIEMPRE LO OLVIDO

¿Tienes el mismo problema que yo? ¿Lees tu Biblia... y a los treinta minutos ya no recuerdas lo que has leído? ¡Es tan frustrante! ¿Por qué sucede esto? ¿Qué es lo que nos impide recordar?

Tres cosas, dice Jesús en Marcos 4:19. Comprueba si no te suceden también a ti:

- *Las preocupaciones de esta vida.* Las incertidumbres de la vida hacen que tu atención se centre en tus problemas, no en Dios, y entonces olvidas que Él dijo: «No os afanéis por el día de mañana». Cuando estoy en medio de un lío, mi visión es como un túnel que se enfoca en mi problema. Los versículos de la Biblia que nos brindan aliento no inundan mi mente de forma automática. Tengo que disciplinar mis pensamientos para concentrarme en las verdades de la Palabra de Dios. Las «preocupaciones de esta vida» literalmente ahogan la semilla. Cuando me siento a leer la Biblia creo que el diablo se deleita en tomar esos momentos para recordarme los millones de cosas que tengo que hacer ese día. Estoy aprendiendo que me es útil llevar cuenta por escrito de estas cosas, y luego volver a enfocarme en el Señor.

- *Los engaños de la riqueza.* La falsa seguridad del dinero nos hace pensar que si tenemos suficiente en nuestra billetera, no necesitaremos a Dios. Algunos quizá no tengamos lo suficiente, y por lo tanto nuestros pensamientos están llenos de preocupaciones económicas... mientras que otros sí tienen todo el dinero que pudiéramos necesitar y sin embargo no dejan de pensar en la cuenta bancaria. Sea de uno u otro modo, nos dejamos engañar por la mentira de que el dinero puede darnos la verdadera felicidad;

permitimos que la preocupación por el dinero aparte nuestra atención de Dios. Él es quien cubrirá nuestras necesidades más profundas y verdaderas... el dinero no puede hacerlo.

- *El deseo por otras cosas.* Querer más «cosas» hace que dejemos de ver que la Palabra de Dios es importante. Debido a que pensamos más en lo que deseamos de Dios, no vemos lo que Él desea de nosotros. Cuando nos detenemos a pensar en esto, es probable que lo peor que podamos hacerle a Dios es querer *algo* más que a Él mismo. Cuando esto sucede, es que hemos comenzado a adorar a un ídolo en lugar de adorar al Creador que nos ama.

¿Cómo combatimos esta tendencia a olvidar el aliento que encontramos en las Escrituras? Primero, preparando el terreno de nuestro corazón para recibir la semilla de la Palabra de Dios. Pídele a Dios que rompa los terrones duros de tierra y que quite las piedras que impedirían que la semilla germine. Luego, encuentro que es útil escribir la verdad que Él me está mostrando. Tengo una amiga que le escribe una carta a Dios cada día. La misma es en realidad una oración que contiene todo lo que hay en su corazón, y las verdades que Dios le ha dicho. Cuando termina, tira la carta a la basura, porque es algo muy personal. Sin embargo, escribirla le ayuda a mantener la atención... y a recordar. ¡No es mala idea!

Y lo más importante, podemos pedirle al Espíritu Santo que nos ayude a recordar. A fin de cuentas, ese es su trabajo. Justo antes de morir, Jesús dijo:

> *Mas el Consolador, el Espíritu Santo, a quien el Padre enviará en mi nombre, él os enseñará todas las cosas, y os recordará todo lo que yo os he dicho.*
> JUAN 14:26

¡Ven, Espíritu Santo! ¡Te necesito!

¿Un motivo para enriquecer?

Frente a nosotros en la autopista iba un hermoso Mercedes negro, muy brillante. Al acercarnos, observé la placa «MT 633». Pensé que sería un versículo de la Biblia. No pude dejar de sonreír cuando recordé lo que dice Mateo 6:33:

> *Mas buscad primeramente el*
> *reino de Dios y su justicia, y todas*
> *estas cosas os serán añadidas.*
> Mateo 6:33

Lo traduzco: «¡Pon a Dios delante, y tú también podrás conducir uno de estos!»

Puede ser que esta interpretación haga ver que Jesús conviene, pero no creo que fuera eso

175

lo que Él quiso decir cuando afirmó lo que acabo de mencionar. La mayoría de las personas a las que Jesús hablaba ese día en la colina de Galilea estaban preocupadas porque no tenían dinero suficiente para comprar cosas básicas, como ropa y comida.

No está mal ser rico. Solo es que es mucha responsabilidad. Frank Lloyd Wright, el famoso arquitecto que además tenía mucho dinero, dijo una vez:

«Muchos ricos son solo poco más que guardias de sus posesiones». Creo que eso es lo que Jesús quería evitarnos cuando dijo: «No os hagáis tesoros en la tierra, donde la polilla y el orín corrompen, y donde ladrones minan y hurtan; sino haceos tesoros en el cielo, donde ni la polilla ni el orín corrompen, y donde ladrones no minan ni hurtan» (Mateo 6:19–20). Solo hay cuatro cosas que podemos hacer con el dinero: guardarlo, desperdiciarlo, invertirlo o gastarlo, lo cual incluye —por supuesto— donarlo. La Biblia dice:

*El que siembra escasamente, también segará
escasamente; y el que siembra generosamente,
generosamente también segará.*
2 Corintios 9:6

Esto hace que algunas personas digan:
«Bueno, ¡entonces demos para hacernos ricos!
¡Cuanto más demos a Dios, tanto más nos dará
Él a cambio!»

Si le das a Dios, es verdad que Él te
bendecirá, porque siempre derrama una catarata
de bendiciones sobre nosotros en comparación
con el puñadito insignificante que le damos.
Pero, ¿es este un motivo valedero para dar? No.
La idea de dar para recibir más y más «cosas» no
es bíblica.

Dios quiere que usemos la riqueza (¡y
comparados con gran parte del mundo somos
casi todos ricos!) para ayudar a los demás, no a
nosotros mismos. Mira estos versículos (donde
remarqué algunas partes):

- Ustedes serán enriquecidos en todo
  sentido *para que en toda ocasión puedan ser
  generosos* (2 Corintios 9:11, nvi).

- Y Dios puede hacer que toda gracia abunde para ustedes, de manera que siempre, en toda circunstancia, tengan todo lo necesario, y *toda buena obra abunde en ustedes* (2 Corintios 9:8).
- El que hurtaba, no hurte más, sino trabaje, haciendo con sus manos lo que es bueno, *para que tenga qué compartir* con el que padece necesidad (Efesios 4:28).

¿Ves una línea rectora en estos versículos? No es «dar para *recibir*», sino «recibir para *dar*». Está claro, ¿verdad?

¿CALOR O SEQUÍA?

¿Estás en medio del campo de batalla ahora mismo, con balas que vuelan por todas partes? ¿O es este un período de sequía en tu vida en el que no parece estar sucediendo nada? En la vida atravesamos ambos tipos de situación.

La Biblia dice que Dios es suficiente para ambas: para las épocas de intensos problemas y para las de sequía.

Bendito el varón que confía en Jehová,
y cuya confianza es Jehová. Porque será
como el árbol plantado junto a las aguas,
que junto a la corriente echará sus raíces,
y no verá cuando viene el calor, sino que
su hoja estará verde; y en el año de sequía
no se fatigará, ni dejará de dar fruto.
JEREMÍAS 17:7–8

Ahí está: dos tipos diferentes de circunstancias. El calor y la seguía.

El calor habla de pruebas intensas. Durante esas épocas luchas como si te estuvieran atacando con problemas, uno tras otro. Te preguntas si la vida volverá a ser como antes. Apenas recuperas el aliento después de un golpe y ya viene otro. Por otra parte, la sequía simboliza esos tiempos en que sientes que nada —no cualquier cosa, sino ninguna, cero cosas— sucede en tu vida. En una u otra ocasión, si las raíces de tu confianza están arraigadas en Dios, encontrarás que con Él te basta.

¿Dónde has puesto tu confianza? Sé sincera. ¿En ti misma? ¿En el destino? ¿O en Dios? ¿Son tus raíces lo suficientemente largas como para nutrirse del Río de Vida? ¿O es que solo esperas la llovizna del cielo? Jesús dijo: «Al que tuviere sed, yo le daré gratuitamente de la fuente del agua de la vida» (Apocalipsis 21:6).

En este momento, sea que estés pasando por un intenso calor o por la esterilidad de la sequía, bebe ávidamente del agua de vida que realmente satisface. No vivas en un estado de deshidratación espiritual. Que tus raíces vayan bien profundo, hasta los recursos de Dios. Pablo lo resumió, urgiéndonos:

> *Por tanto, de la manera que habéis recibido al Señor Jesucristo, andad en él; arraigados y sobreedificados en él, y confirmados en la fe, así como habéis sido enseñados, abundando en acciones de gracias.*
> Colosenses 2:6–7

Así que, no abandones. El Agua de Vida sigue fluyendo para refrescarte y fortalecerte.

Recuerda que Dios dice: «Bendito el varón que confía en Jehová, y cuya confianza es Jehová. Porque será como el árbol plantado junto a las aguas». Arraigados en Él, tenemos todo lo que necesitamos para soportar tanto el calor como la sequía.

POR ÉL

¡Dios borra mis pecados y los olvida para siempre! Eso es lo que me dice la Biblia:

> *Yo, yo soy el que borro tus rebeliones*
> *por amor de mí mismo, y no me*
> *acordaré de tus pecados.*
> ISAÍAS 43:25

Estoy muy agradecida de que Dios borre mis pecados con su divino borrador, y aun más agradecida de que nunca vuelva a recordarlos.

Hace poco nada más observé la parte de ese versículo que dice que Dios borra mis pecados «por amor de sí mismo». Siempre pensé que Dios tenía el plan de proveer para que mis pecados fueran borrados *por mí bien,* que amaba tanto al mundo que nos dio a su hijo para pagar por mis pecados, para que yo pudiera tener vida eterna. Sin embargo, este versículo dice que lo hizo «por amor de sí mismo».

¿Quiere decir que Dios quería tanto mi compañía que estuvo dispuesto a enviar a Jesús a la cruz para que fuera posible? ¡Increíble! Dios pagó ese precio tan extraordinariamente alto por mis pecados... ¡por amor de sí mismo! Quiere una relación conmigo que no era posible a menos que Él pagara tan alto costo.

Entonces, de esto se deduce que la comunicación con Dios —lo que llamamos «oración»— debe ser muy importante para Él. Aquel grandioso que quiere tanto mi compañía. Tal cosa cambia todo el concepto de la oración. Sí, Dios me da lo que necesito cuando se lo pido, pero no quiere que yo espere a tener un problema para comunicarme con Él. ¡Quiere que hable con Él sencillamente porque le gusta mucho oír mi voz!

Una noche, la madre que arropaba a su hijo le preguntó si había dicho sus oraciones. «No, mamá», dijo el niño. «Hoy no necesito nada». ¡Cuántas veces soy como ese niñito!

La oración no es presentar ante Dios la lista del almacén con mis necesidades. Él quiere caminar y hablar conmigo todo el tiempo. Quiere tener comunión conmigo. Y para que esto sea posible, borró mis pecados... ¡por amor de sí mismo! Sí, en realidad quiere comunión íntima conmigo. ¡Qué maravillosa realidad!

No solo hablamos con nuestros amigos o cónyuge cuando necesitamos algo de ellos. Les hablamos porque sí, por el gozo de hablar con ellos. ¿Por qué habríamos de esperar a necesitar algo? Dios tampoco necesita nada, sino que quiere hablar y tener comunión con nosotros.

¡DIOS SE DA CUENTA!

¡Dios se da cuenta de todo! De veras.
Te ve ese día caluroso de julio cuando
le llevas un vaso de soda helada al hombre
que está limpiando las malezas en tu jardín.
Sabe cuando te muerdes la lengua en lugar
de gritarle a tu hijo porque volcó el jugo
de naranja cuando insistía en «ayudarte»
a preparar el desayuno. Vio ese abrazo de
comprensión que le diste a tu esposo cuando
sin querer chocó el auto contra el poste del
garaje. Sí, Él ve.

Y un día te recompensará. «Así que, no
juzguéis nada antes de tiempo», dice el apóstol
Pablo, «hasta que venga el Señor, el cual
aclarará también lo oculto de las tinieblas, y
manifestará las intenciones de los corazones; y

entonces cada uno recibirá su alabanza de Dios»
(1 Corintios 4:5).

A veces hacemos rápido las cosas que la
gente ve, y lentamente lo que nadie ve. Pero
la verdadera prueba de la fidelidad a Dios es
nuestra disposición para hacer lo que a Él le
agrada, día tras día, cuando nadie lo sepa.

La esposa de un pastor y amiga personal de
mis padres, Ruth Harms Calkin, escribió esta
oración, titulada «Me pregunto»:

Sabes, Señor,
cómo te sirvo,
con gran fervor emocional
cuando la luz está sobre mí.
Sabes con cuántas ansias
hablo por ti,
en el club de damas.
Y sabes con qué efervescencia
cuando promuevo un grupo de comunión.
Sabes de mi genuino entusiasmo
en el estudio bíblico.
Pero, ¿cómo reaccionaría, me pregunto,
si tú me señalaras una vasija de agua
y me pidieras que lavara

los pies callosos de una anciana
arrugada y encorvada,
día tras día,
mes tras mes,
en una habitación donde
nadie me viera
y donde nadie se enterara?[11]

«El secreto del amor es estar haciendo siempre cosas para Dios», escribió F. W. Faber en el siglo diecinueve. Luego agregó: «Y que no nos importe que sean cosas muy pequeñas».

Quizá nunca en esta vida recibas reconocimiento por tu bondad hacia los demás, pero un día sí recibirás alabanza de parte de Dios. ¡Él se da cuenta de todo!

CORRE LA CARRERA

Siempre me gustó el modo en que la Biblia compara la vida con una carrera. «Corramos con paciencia la carrera que tenemos por delante», dice el autor de Hebreos 12:1. Pero al comparar la vida con una carrera, no debemos confundirnos y creer que todos participamos de una gran competencia, una misma carrera para todos. ¿Notaste esa frase «la carrera que tenemos por delante»? Dios tiene una carrera única para ti. La tuya quizá sea de cien metros, en tanto otro debe correr quinientos, y otro más quizá diez kilómetros o una maratón. Y para otros, podrá ser una carrera con vallas: apenas pasan un obstáculo y ya tienen otro frente a ellos.

No estamos compitiendo entre nosotros. Por eso no debemos mirar al que tenemos al lado y pensar: *No corre tan rápido como yo.* O:

Está progresando mucho en la vida, mientras yo sigo siempre en el mismo lugar.

Deja que te aliente con esta idea: Puedes correr la carrera que Dios te ha puesto por delante porque ha sido diseñada especialmente para ti. No es ni demasiado larga ni demasiado difícil para tu persona. Dios conoce tu fuerza y tus debilidades, tus capacidades y limitaciones, y las toma en cuenta cuando traza el curso. Tendrás que esforzarte más de lo que pensabas que podías soportar, pero Él jamás te pedirá que hagas lo imposible. Dios nos ha prometido su presencia y recursos en tanto le pidamos lo que necesitemos.

A veces sentimos desaliento cuando enfrentamos épocas oscuras, pero también de allí podemos obtener nueva determinación para que nuestras vidas importen más que nunca antes. En respuesta a la tragedia del 11 de septiembre de 2001, un amigo mío escribió: «Siento que enfrento un desafío más profundo, de ser todo lo que pueda ser, de llegar a los demás de todas las formas posibles, lo más lejos posible, de usar los dones que Dios me ha dado con todo mi corazón».

Al buscar aliento en tu vida, quizá Dios también te esté hablando sobre tu necesidad de un propósito nuevo en la carrera que estás corriendo. Quizá al leer Hebreos 12:1 la palabra «perseverancia» se te apareció en letras más grandes. ¿Has estado aflojando últimamente o saliéndote del camino porque estás desalentada? El secreto está en Hebreos 12:2: «Puestos los ojos en Jesús, el autor y consumador de la fe». Es solo cuando no lo miramos que nos salimos de la pista. Al mantener los ojos en Jesús, avanzamos hacia Él, nuestra fuente de fe, de propósito, coraje y dirección.

Acepta la carrera que estás corriendo con alegría, como carrera diseñada para ti por Dios mismo. Acepta las oportunidades y obstáculos que tienes por delante como parte de su plan. Mantén la vista en Jesús. Luego, inspira profundamente y sigue avanzando.